折射集
prisma

照亮存在之遮蔽

南京大学文科"双一流"专项经费资助

学衡历史与记忆译丛

孙江　主编

Geschichte im Gedächtnis

ALEIDA ASSMANN

Von der individuellen Erfahrung zur öffentlichen Inszenierung

记忆中的历史

从个人经历到公共演示

〔德〕阿莱达·阿斯曼　著

袁斯乔　译

南京大学出版社

南京大学文科"双一流"专项经费资助

"现代中国公共记忆与民族认同研究"阶段性研究成果

（项目批准号：13&ZD191）

*

中译版序
不可回避的过去
——阿莱达·阿斯曼及其《记忆中的历史》

孙　江

2011 年 3 月初，耶路撒冷，阴冷寒湿。

我应邀参加希伯来大学举办的"记忆研究与日常实践"国际研讨会。飞机迟至深夜抵达，次日一早来不及倒时差，匆匆赶往会场。穿过由荷枪实弹士兵把守的希伯来大学正门旁的小门，刚进入校园，便被告知立刻上车。原来，天气预报说沙尘暴将临，主办方决定将会后参观改在会前。小面包车载着一行人颠簸到一处被黄沙包围的旷野——马萨达（Masada）。公元 66 年，犹太人发动反抗罗马军队起义，奋锐党人夺回由希律王建造的马萨达要塞。公元 70 年，罗马军队攻占耶路撒冷，奋锐党残余逃到马萨达，凭险继续抵抗。3 年后，罗马军队终于攻破要塞，看到的是一座尸横遍地的死城。不愿为奴的犹太人尽皆自杀。马萨达要塞遗址高出地面至少 30 米，登高望远，黄尘无际，沧海桑田，令人有一种悲凉感。盘桓中，转眼到了午饭时间，一行人三三两两，边聊边吞咽汉堡。这时一位女士亲切地向笔者搭话，就此聊起了记忆与历史，两天后方知该女士竟是大名鼎鼎的文化记忆理论的发明者阿莱达·阿斯曼（Aleida Assmann）。

一

阿莱达·阿斯曼出生于书香门第，父亲巩特尔·鲍恩康
(Günther Bornkamm) 是著名的《新约》学者。1966—1972 年，阿
斯曼先后就读于海德堡大学和图宾根大学，研究英国文学与埃及
学。1977 年，她以"虚构的合理性"为题撰写了博士论文。1992
年，阿斯曼在海德堡大学获得特许任教资格。一年后，成为康斯坦茨
大学英语和文学教授。阿斯曼早期研究英语文学和文字交流史，20
世纪 90 年代后转为研究文化人类学，尤其着眼于"文化记忆"与
"交流记忆"——这是她和丈夫海德堡大学著名埃及学学者扬·阿斯
曼 (Jan Assmann) 共同创造的术语。

所谓文化记忆 (kulturelles Gedächtnis)，是一种文本的、仪式的和
意象的系统，阿斯曼夫妇将其分为"功能记忆"(Funktionsgedächtnis)
和"储存记忆"(Speichergedächtnis)，分别在各自的研究领域里阐幽
发微。[1]"功能记忆"亦称"定居记忆"(bewohnte Gedächtnis)，在
《回忆空间》(Erinnerungsräume) 一书中，阿莱达·阿斯曼指出，
功能记忆与集体、个人等载体相关联，贯穿过去、现在和未来，具有
选择性，把个人的记忆和经验勾连成一个整体，作为"生"的自我的
形象，给予行为以方向性。因此，主体可以通过功能记忆取舍过去，在
时间性中再构事件，赋予人生以价值标准。具体而言，功能记忆的作用
体现在"合法化"(Legitimation)、"非合法化"(Delegitimation) 以及
"区分"(Distinktion) 等方面。"合法化"是将公共的或政治的记忆

---

[1] 中译本参阅[德]扬·阿斯曼：《文化记忆：早期高级文化中的文字、回忆和政治身份》，金寿富、黄
晓晨译，北京：北京大学出版社，2015 年。[德]阿莱达·阿斯曼：《回忆空间：文化记忆的形式和
变迁》，潘璐译，北京：北京大学出版社，2016 年。

作为优先关心的事项，统治者独占过去，也攫取未来；"非合法"指官方记忆所生产的非正式的、批判性的和颠覆性的记忆，历史由胜者所写，也被胜者忘却；"区分"则是通过诸如纪念等活动赋予集体以自我认同的轮廓。与功能记忆相对应的是"储存记忆"，储存记忆亦被称为"未定居记忆"（unbewohnte Gedächtnis），它与特定的载体切断联系，割裂过去、现在和未来的关联，价值没有高下之分，因为追求真实，储存记忆保存了价值和规范。这种记忆是一种"没有定型的汇聚"。储存记忆的功用在于更新文化知识的基本资源。在储存记忆与功能记忆之间，必须有高度的穿透性，但是，如何使之成为可能并得以保证，需要检验。在象征化和选择等所谓言语化过程中，不断修正其历史理性。在深化这一考察后，还必须回到证言者的话语中：没有利害关系的证言者的记忆故事能否经得起检验，需要反复省察，最后交由伦理裁断。储存记忆与功能记忆并非二元对立关系，有些储存记忆作为功能记忆的背景停留在无意识的状态，这是人类的"记忆"，准确地说是"记录"。①

　　阿斯曼夫妇创造的另一个概念是"交流记忆"（kommunikatives Gedächtnis）。在《文化记忆》（Das kulturelle Gedächtnis）一书中，扬·阿斯曼指出，交流记忆以个人记忆为基础，是通过日常生活中交流而自然形成的，为同时代具有同样生活经验的人所共有。因此，随着记忆主体的变化，其内容也会发生变化，如世代记忆。文化记忆依托外在的媒介装置和文化实践，交流记忆是"短时段的记忆"，伴随共同体的变化而变化；文化记忆是基于不动的绝对的过去而来的

---

① Aleida Assman, *Erinnerungsräume: Formen und Wandlungen des kulturellen Gedächtnisses*, C. H. Beck oHG, München, 1999.

"长时段的记忆"。①

一般认为，阿斯曼夫妇的文化记忆理论有两个源头：法国社会学家莫里斯·哈布瓦赫（Maurice Halbwachs）和德国艺术史学家阿拜·瓦尔堡（Aby Warburg）。二人将心理学和生物学领域中的"记忆"导入社会学、文化学研究中。②如果说，瓦尔堡对扬·阿斯曼的古代研究有启发意义的话，就阿莱达·阿斯曼的研究而言，笔者更倾向于在哈布瓦赫的名字之后加上尼采（Friedrich Wilhelm Nietzsche）。

哈布瓦赫的"集体记忆"概念奠定了今日记忆研究的框架。哈布瓦赫将记忆从历史中剥离出来，二者径庭有别，记忆是"活着的记忆"（mémorie vécue），而历史—记录、传统—传承是使记忆固定化的两种形式。哈布瓦赫用集体记忆概念讨论人群如何整合为一个集体，认为集体记忆保证了集体的特性和连续性，而历史学的记忆不具有确保认同的效用；集体记忆与其所属的集体一样，总是以复数的形式存在，而整合不同历史框架的历史学的记忆则以单数形式存在。集体记忆隐瞒大变化，而历史学的记忆则专门探讨变化。阿斯曼夫妇认为，集体中无疑有记忆，但记忆不可能从集体中创造出，因为集体记忆中不存在有机的地盘。集体记忆背后存在的不是集体精神或客观精神，而是社会所使用的符号和象征等。因此，如果简单类比的话，哈布瓦赫"活着的记忆"相当于"交流记忆"，"传统"则近乎"文化记忆"。

"我生，故我思"（Vivo, ergo cogito）。尼采一反笛卡尔的命题——"我思，故我在"（Cogito, ergo sum），强调思考应以"生"（das

---

① Jan Assman, *Das kulturelle Gedächtnis：Schrift Erinnerung und PolitischeIdentität in frühen Hochkulturen*,C.H. Beck oHG, München, 1992.

② 国内关于阿斯曼夫妇文化记忆理论的最早介绍,参阅闵心蕙:《断裂与延续——读"文化记忆"理论》,《中国图书评论》2015年第10期。

Leben) 为起点和中心，在其唯一一部以历史为题材的著作《历史学对于生的利与弊》(Vom Nutzen und Nachteil der Historie für das Leben,1874) 中，尼采讨论了历史与"生"的关系，海德格尔 (Martin Heidegger) 曾为此花费半年时间在大学讨论课上学习，其奥妙在何处呢？　简言之，尼采揭示了历史与"生"的辩证关系，其正面意义是历史对生的掣肘，反面意义为生对历史的滥用。尼采在此书开篇谈到一个隐喻：牲口。牲口没有昨天与今日，它们吃草和反刍，或走或停，从早到晚，日复一日，忙于眼前的小小的爱憎和恩惠，既没有忧郁，也不感到厌烦，让目睹此景的人不无羡慕。因为现代人在自己身体内装进了一大堆无法消化的嘎嘎作响的知识石块，由于过量的历史，生活残损而退化，历史也紧随其后退化。①应该选择记忆（现在/生），还是选择历史（过去/死），这是尼采提出的强制性的二者择一。在阿斯曼看来，历史与记忆犹如磁石的两极，历史是抽象的立足于超越个体的研究过程，执着于主观的记忆是饱含情感的活生生的个体回想，围绕二者的张力关系有待跨学科的综合研究，而文化记忆理论所关注的领域是回忆的缘起，能成为主观经验和科学的客观化的历史的媒介。可以说，本书正是阿斯曼实践其文化记忆理论的众多个案中的一个典型。

二

在本书前言里，阿斯曼开宗明义地发问道：不在的过去还有多少存留于今天？　过去多大程度上呈现在意识或无意识之中？　业已

---

① [德]弗里德里希·尼采：《不合时宜的沉思》，第二编"历史学对于生活的利与弊"，李秋龄译，上海：华东师范大学出版社，2007 年。另一译本为[德]弗里德里希·尼采：《历史的用途与滥用》，陈涛、周辉荣译，上海：上海人民出版社，2005 年。

消失而无法诉诸感觉的东西在哪种形式上还可以用感觉来把握？ 过去和现在、遥远的事物和近前的事物、隔绝的事物和当下的话题之间是怎样交叉的？ 为此，她选择了四个角度加以探讨。

第一个角度是"代际"。代际是阿斯曼解读不同时代德国人历史感觉的一个重要概念，在《回忆空间》中她曾专门加以讨论。她认为，代际既是一个自然概念，也是一个社会概念，从人类生物属性划分的"世代"，一如家庭中的一代代人不难区分，但历史的代际演变并不完全依从时间的自然变化，常常受到重大历史事件的影响，个体的出生无法更改，但特定的历史赋予了个体不同的含义，因而具有相似生活经历和社会经历的人形成了"代"。阿斯曼形象地将一代人的存在比喻为"水砖"（Wasserbackstein），即人的自然出生犹如水砖的形成，嵌入日常生活和社会话语的代际身份构成了水砖的形状，这种形状的具象便是某种想象。

历史体现在不同代际的传承与断裂之中。阿斯曼笔下的"三三年代""四五年代"与"六八年代"是在德国 20 世纪留下浓墨重彩的三代人。"四五年代"（生于 1926—1929 年魏玛共和国时期）青年时期受到国家社会主义的教育，"二战"后期走向战场，战争的失败让他们在战后必须重新界定自己的身份，于是一条历史的裂缝得以呈现，成为我们观察这一代人的视角。"四五年代"是"怀疑的一代"，是对上一代"政治青年"形象的逆转和颠覆，"去政治化""去意识形态化"成为其主要特征。

紧随其后的"六八年代"迥然不同，这是被政治化的一代，自主青年期的经历使他们无法融入成年人的状态。战后国家社会主义虽然从公共场域消失了，但沉淀在个体和家庭之中，原本沉默的交往记忆被触发，转化为"六八年代"的反抗话语。"四五年代"的"宽容"激发了"六八年代"的"愤怒"，后者自小培养出的革命习性使其坚决地与父辈决裂。

　　"六八年代"自然属性上的父辈其实是"三三年代"，作为战争的一代，"三三年代"承受了"德国式的根源缺陷"，对其生平经历尽可能地保持沉默，但随着记忆主体的离世，一代人的最后告别常常会引起公众的关注。奥地利前总统瓦尔德海姆（Kurt Waldheim）与德国巴符州州长费尔秉格（Hans Filbinger）的辞世为人们上了两堂公众历史课，前者通过"迟来的和解"指出在历史—政治的框架下，个体回忆让步于国家利益，对历史的罪行所进行的个体回忆不被允许；后者则因其对纳粹时代行为的辩解，出人意料地得到世人的接受和粉饰，根据当下需求形塑历史的行为被内在化了。

　　超越时代存在的话语在"六八年代"的谢幕中扮演了重要的角色。"六八年代"其自身就标志着历史的转折，这是由一场运动推进的剧变，"历史"成为收容被"当下"抛弃之物的垃圾堆，而"现在"被打入天牢，并被彻底遗忘。历史与当下，经验空间与期待地平线的断裂戏剧性地改塑了文化记忆，回忆与遗忘的对象被重新置换。然而，"六八年代"对国家社会主义罪行的批判以及对犹太人大屠杀的纪念在 2000 年以后受到质疑，波赫尔（Karl Heinz Bohrer）谴责这一代人对罪责的狂热恰恰是对国家的遗忘。代际的同时存在形成了"非共时的共时性"，代与代之间的演替与叠加不仅是个体生平经历的体现，更是历史被展现的方式。

　　阿斯曼第二个观察角度是"锁链"，用以讨论家庭记忆中的历史问题。席勒（Schiller）认为个体转瞬即逝，但留下了一条世界历史的锁链，作为代际、性别、民族和文化间的相互联系，这条锁链是对之前世代所欠人情债的补偿。19 世纪，随着进步概念的出现，现代化理论应运而生，它不断拉扯着这条锁链，以期清除过去的传统，创造一块全新的白板。"六八年代"是现代主义的典范，他们像是跌跌撞撞从母胎中爬出来的婴孩，难以启齿的往事使他们极度缺乏安全感与信任感。

"六八年代"与过去的决裂同样反映在联邦德国流行的文学作品中——父亲文学，这类作品的中心思想是个性化与决裂，它常以背离血亲父亲和找寻精神父亲为主题。20 世纪 90 年代之后，家庭小说取而代之，它打破了虚构文学和纪实文学间的绝对界限，更加关注融入家庭与历史中的"我"，承认三者间的交互关系。与之同时发生变化的还有代际关系，以断裂作为切入点的父亲文学无法避免代与代之间的紧张关系，紧随其后的家庭小说则建立在多代人的延续性上，具体表现为长期的纠葛、传承与交替。

《战争之后》与《看不见的国度》是阿斯曼重点解析的家庭小说。前者以父亲和女儿的关系作为切入点，重构了"二战"一代的经历。1945 年之后，仍踯躅于战争年代的父亲的专制、任性、愤怒、焦虑的形象与女儿的谦卑顺从、唯唯诺诺形成了对照。然而，父亲的战争叙述并未引起女儿的共鸣，在父亲去世后，女儿着手整理父亲的遗物和档案，对其个人经历与心理进行分析，再现了父亲不幸的、充满"仇恨"的生平。无论战前、战后，父亲始终将自己定义为受害者，这也解释了为何国家社会主义能迅速地渗入其内心，像一剂止痛药抚平了他的伤口。女儿并未评价父亲的行为，只是借此强调历史的去个人化和自然化，历史绝非个人或集体行为的简单相加，它总是根据自身的法则而不断变化。在《看不见的国度》中，孙辈与祖辈的对立直到祖辈去世三十年后才得以化解，在记忆的锁链中，孙子以祖父的身份直面过去的历史，在想象与重建中跟随祖父再次走过 20 世纪前半叶，在这一刻，成为祖父灵魂窥视者的孙辈真正感受到历史的情感，祖孙二人的平行经历使历时性的时间维度得以存在于共时性维度中。书名《看不见的国度》既是祖父生活过的战争年代，也是孙子所经历的被政治化的世界，人们不曾看见的历史以幽灵的身份回归到这部小说中。两部小说都描述了德国人的家庭记忆，家庭历史在很大程度上被低估了，它们打开了我们通往世界历史的新道路，因为历史的锁链总以不同的方式被继续言说。

走出家庭，历史呈现在公共建筑上，这是阿斯曼讨论的第三个视角。一座建筑的价值不在于它的年岁，而在于它是否见证了人类的历史。这一专题是关于作为记忆承载者的建筑保护及其翻新问题。波恩是德国战后城市重建的历史缩影，虽然政府机构大楼与其他建筑相比并没有什么特别之处，但它是联邦德国民主政治50年成长期独一无二的见证者，后来迁都柏林使这座看似毫无历史感的城市重新获致历史意义。谈到柏林时，几经变迁的城市形象跃然纸上。城市如一张立体的、写满文字的羊皮纸，历史的变迁、沉淀就像羊皮纸上新旧交叠的文字，这张羊皮纸体现了"非共时的共时性"，建于不同年代的建筑同时留存于当下的维度中。与此同时，城市还像一座记忆宫殿，柏林曾是德国历史上8个政权的首都，城市内的街道名、广场名见证了过往的历史，每一次政权更迭都会带来街道的重新命名，街道易名是统治者对既往历史的改写，也是统治者炫耀胜利的一种方式。

20世纪90年代还都柏林后，围绕这座城市新中心的争夺战正式打响，柏林城市宫的重建是这场战争最显著的标志。柏林城市宫是历史层累的见证者，它的历史几乎就是这座城市的历史，作为阿尔卑斯山以北最大的巴洛克式建筑，它不仅是德国的象征，也延续了普鲁士时代的文化传统。如今关于它复建的争论是一段对过往历史之未来的争夺，德国希望以此改变过去好战、屠杀犹太人的负面形象，重建自己作为大国的文化形象。

然而，如今关于柏林的城市记忆刻意忽略了曾经作为死亡地带的柏林墙的历史。因此，阿斯曼认为建筑作为记忆的承载者，应当保存参差不齐的城市面貌，唯有如此，矛盾的历史场景方能被保留下来。摈弃东德断裂的历史，以让位于辉煌悠久的普鲁士文化是对历史真实性和历史意识的损害。阿斯曼对当下德国大兴土木，试图寻找"失落的中心"的行为表达了担忧，因为柏林曾作为民主德国首都的历史在现代国家形象塑造的热情与浪潮中会被掩埋葬送，柏林能否继续成为一座"非共时性的"城市呢？

阿斯曼选择的第四视角将读者带进被展演的历史——博物馆和媒体。1977 年，斯图加特老王宫的斯陶芬展览聚焦于博物馆内"可移动的历史"。斯陶芬展览的成功被视为德国博物馆展览的一次重要转折，原本在战后作为禁忌话题的"帝国"重新登上舞台，引发了德国民众对宏大叙事、英雄事迹的向往，民众对历史的内心需求得到了满足，这与 70 年代历史学的乏味冷漠形成对照。

30 年后的柏林展览同样引人瞩目。与 2006 年"德意志民族神圣罗马帝国"展同时举行的还有"胁迫之路"展和"逃亡·驱逐·融合"展，后者以"驱逐"为主题，再现了 20 世纪生活在集权暴政下的平民，参观者能亲身感受到这些苦难与创伤。在驱逐展中，居于中心位置的是德国人，他们既是战争的加害者，也是战争的受害者，历史阐释的视角在此转换。以展览为例，德意志民族已经将世纪罪行作为自身认同的一部分：民族主义的危机不会重现。

历史是被物化的过去。在数字化时代，对于展品信息的电子化呈现使得展品的物质实体与象征意义被剥离，而博物馆、档案馆是对抗共时性侵入历时性最有力的武器。历史没有全部呈现在博物馆的展览中，它可能没有固定展示的空间，七零八落地分布在我们身边。跳蚤市场上，过去的历史以各种形式被售卖，废旧物品新的市场价值很快替代了它们的历史价值。被杂乱摆放的物品提醒人们：现在被视为文明的古董曾经可能是暴力的掠夺品，对暴力行径的回顾唤起了人们内心的认同。作为电影、电视的媒体图像是历史展演的组成部分，阿斯曼通过分析好莱坞电影中的德国历史指出历史电影是为了找到回忆一般性的、尚存留于社会中的表现形式和潜在意义。此外，人们通过在博物馆等空间中模拟历史的日常场景，能够感受活着的历史，历史舞台赋予了人们亲历历史的机会。但是，被展演的历史是有局限性的，它必须被盖上历史的封印，在具有娱乐价值的同时，不具任何潜在的不安因素。当下也是展演的历史，新兴的历史兴趣早已摆脱了专业的历史学科，甚至超越了博物馆和历史展览。参与今日历史的不仅有大学教授、政治家，还有策展者、电影导演、信息传播者等等。历史展演延伸到了更广阔的空间中，它们被视为历史事件发生、人们倾力演绎的舞台。

上述四个考察之后，作为本书的总结，阿斯曼讨论了国家与记忆的关系。她认为，记忆是表征民族/国家和历史之间关系的纽带，在德国的历史语境中，两者是断裂的，这源于纳粹政权所造成的历史创伤，它像一块巨大的岩石横亘在历史的道路上，民族/国家退场了。两德的统一终止了去国家化的历史，德国国家形象的缺失愈来愈被视为一种缺陷，国家自豪感在德国极度匮乏。因而20世纪90年代以后，关于历史的教育功用和国家历史的讨论被重新提出，新旧历史主义的区分引人关注。《明镜周刊》发表了一期长文，回顾了德国漫长的历史，强调民族/国家是如何在地域中产生的。然而，这只是媒体所展演的历史，当下体现民族/国家的历史无处不在，在历史市场的浪潮中，夺人眼球的展演不仅是历史本身，也同样在娱乐和经济效应中。所以，历史将以何种方式进入记忆，哪些部分能够进入仍待商榷。在新历史主义的框架下，记忆中的历史变得越来越琐碎，人们通过历史找寻民族/国家的认同时，必须注意到，虽然德意志民族的诸多历史篇章无法进入民族/国家的范畴，但它仍是一个漫长的、多样的有机体。

三

在阿斯曼的文化记忆著述中，如果说《回忆空间》是令人折服的"厚重"之作的话，本书则让人有一种掩卷后的"沉重"感，后者看似薄薄的一本小书，实则讨论了战后德国人如何面对内在化的纳粹历史的大问题，要深化理解该问题，实有必要读读阿斯曼题为《德国人的心灵创伤？——在回忆与忘却之间的集体责任》的长文。阿伦特（Hannah Arendt）曾经说过，个人不可能不负有国家的和民族的责任，除非这个人是国际难民或无国籍者。①虽然，战后纳粹的历史业已翻过一页，但以记忆的方式沉潜于德国人——个体、世代、家庭、公共领域之中，并且影响到德国人对民族/国家的认同。阿斯曼认为这是一种罪责意识作用的结果，她谨慎地使用了加问号的"心灵创伤"（Trauma）一词。

"心灵创伤"原本是医学上的概念，现在成为文学和文化研究中每每言及的主导性概念，用于研究历史上的集体苦难。阿斯曼指出，心灵创伤本是一种被遮蔽的回忆，但是它并没有被纳入意识之中，而是被安置在地下的尸骨洞穴里，因此，当被唤起时，亢奋状态会长时间持续并有扩散之势。②就德国人来说，这种创伤是 1945 年战败后深藏在意识之中的对于战争罪责的自卑情结。阿斯曼以冷峻的笔

---

① Hannah Arendt, *Responsibility and Judgment*, edited and with an introduction by Jerome Kohn, Berlin: Schocken Books, 2003.

② AleidaAssman, Ein Deutsches Trauma? Die Kollektivschuld zwischen Erinnern und Vergessen, *Merkur* 608, H.12, 53 Jg., 12. 1999.

触展现了战后德国人围绕"集体责任"(Kollecktivschuld) 的各种言说，纽伦堡审判没有涉及"集体责任"，但历史盖棺论定后，德国人自觉地成为战争罪责的继承者，有的直呼"我们的耻辱尽皆暴露在世人的眼中"，有的面对被展示的纳粹犯罪，强烈地感受到"这就是你们的罪责"，有的"虽然不允许沉默，但还是不能说"，有的"唤不起良心的声音"，有的"这让我永远不得翻身"，等等，[①]人们以各种方式体验着集体责任。在本书中，读者也不难看到这种罪责意识在不同世代中所引起的裂痕，在家庭中所掀起的阵痛，在建筑物和媒介等表象空间上所呈现的错杂。其实，正如阿斯曼所说，哲学家卡尔·雅斯贝尔斯 (Karl Jaspers) 对罪责概念做过严格的区分，绝大多数德国人完全可以从"集体责任"的创伤中解脱出来的。

　　1946 年，历经波折，雅斯贝尔斯《罪责》(*Die Schuldfrage*) 一书出版了。该书把德国人的战争罪责分为四个层面：刑法的、政治的、道德的和形而上学的。刑法上的罪责指具体的犯罪行为，当事人要受到相应的刑事惩罚；政治上的罪责指当事人虽然没有具体犯罪行为，但由于身处一定的政治和决策位置，间接地参与了刑事犯罪，为此需要付出代价，如被剥夺政治权力和权利。所谓道德罪责则指一般大众，他们没有刑事上和政治上的罪责，但作为共同体的成员没有阻止战争，甚至还拥护战争，因而负有不可推卸的道德责任。如果能从这种道德责任中获得自觉，即能消弭罪责，从而获得新生。形而上学的罪责是人面对神的自觉，通过内心的活动而获得重生，这可以成为新的生活方式的源泉。[②]按照雅斯贝尔斯的说法，绝大多数德国人的罪责属于道德责任和形而上学责任的范畴。

---

① AleidaAssman, Ein Deutsches Trauma?

② Karl Jaspers, *Die Schuldfrage*, Heidelberg: Lambert Schneider, 1946.

　　1945 年 5 月，纳粹德国覆亡后，欧亚大陆另一端的日本东京遭到美军飞机的狂轰滥炸。面对日本帝国的末路，时任东京帝国大学教授的渡边一夫在日记中悄悄记下一句话："不被爱的能力"（愛さえない能力）。①这句话出自一位普鲁士军官的日记，而该军官则转引自罗曼·罗兰（Romain Rolland）。"不被爱的能力"德文为 Unbeliebtheit（不受欢迎）。渡边认为，德国人在意识到自己的"不被爱的能力"后，试图克服邻人的戒惧；而日本虽然处于同样的境况，非但不自觉，反而在强化这种能力。无疑，渡边的解读并不正确，这句话应该放在战后半个多世纪德国人在罪责意识驱动下所做的各种赎罪努力的语境中来把捉。今天的德国人可以自信自己拥有被爱的能力，而达到这一步，德国人经历了艰难的历史煎熬。翻阅本书，读者不难得出这一结论。

　　离开马萨达后，沙尘暴没有来，突如其来的是一场大雨。第一天漫长的会议结束后，东道主邀请国外学者在一家小餐馆用晚餐。刚落座，东道主即起身要给我介绍在另一处用餐的一对夫妇：阿莱达·阿斯曼和她的丈夫扬·阿斯曼！ 惊喜中，我来不及懊悔昨日自顾自地讲述自己记忆研究的尴尬，告知阿斯曼她的《记忆中的历史》正在翻译。一晃快要过去 5 年了，现在该书终于可以付梓出版了，让我如释重负。两年前，译稿交给我后，根据责编的详细意见，我对译稿做了很多校改和润色，在此我要感谢一丝不苟的责编，先于中文版译出的日文版阿斯曼著作的译者及其解读，②还有协助我工作的学

---

① ［日］渡邊一夫：《敗戰日記》六月十八日，東京：博文館新社，1995 年。
② ［德］アライダ・アスマン：《想起の空間—文化的記憶の形態と変遷 》，［日］安川晴基訳，東京：水声社 2007 年。［德］アライダ・アスマン：《記憶のなかの歴史— 個人的経験から公的演出へ》，［日］磯崎康太郎訳，京都：松籟社，2011 年。

生，他们是闵心蕙、王楠、宋逸炜。

　　时值冬月，在南京的寒风苦雨中，回想当年在马萨达与阿斯曼的邂逅，不禁要感叹一声：摩诃不可思议。

于南京大学仙林校区圣达楼

丙申年冬月

*

目 录

序　言

2005 年 11 月我意外接到埃森（Essen）文化研究所（KWI）所长约恩·吕森（Jörn Rüsen）的来电，他询问我能否考虑主持 2006/2007 年冬季学期举行的"克虏伯政治历史公共课"（译注："克虏伯政治历史公开课"是埃森文化研究所定期举行的学术活动，也是一个固定的研究机构，由阿尔弗雷德·克虏伯基金会［Alfried Krupp von Bohlen und Halbach-Stiftung］资助）。短暂考虑后，我接受了这一光荣的邀请，并且很感谢吕森先生，因为他并不仅仅是询问我，更说服了我接受这一挑战。然而当我从附有主题构思的一份函件中读到相关具体要求时，我的允诺仍令自己稍感不安。其中提到，这场报告将对过去的德国历史进行一次全新的解读，并探讨德国（人）与国家社会主义的关系，以及德国记忆和历史文化在欧洲语境中的变迁。人们多少期待获得"建立在从中世纪到近代初期，进而到 18、19 世纪的这一德国历史大传统之上的关于德国认同的大致一以贯之的形象"。

提出问题并不代表解答问题。不过，这一问题本身令我非常着迷，令我欣然接受记忆中的历史那固定且被埋没、短暂且无法估量、沉重且激烈、意外且刺激的存在。尽管"记忆"这一主题对我来说并不陌生，这次公开课的准备工作仍引发我对迄今为止所掌握的领域再次进行探索。

2   *

  我感谢约恩·吕森提供的这次授课机会，并且感谢阿尔弗雷德·克虏伯基金会为此悉心搭建的框架。 我还要感谢在埃森市积极参与讨论和相关会谈的听众们。 需要特别感谢的是组织 BMV 高中高年级学生见面会的安德雷亚斯·君特 (Andreas Günther)。 埃森市文化研究所的布里塔·韦伯 (Britta Weber) 和康斯坦茨大学的卡琳·逊克 (Karin Schunk) 行之有效地安排了会议日程和出行。 扬·阿斯曼 (Jan Assmann) 展示了他高水平的幻灯片演示技巧。 够在维也纳国际文化学研究中心 (IFK) 热情的氛围中度过六月份，也就是准备会议手稿的最后时期，我需要感谢汉斯·贝尔廷 (Hans Belting)、薇欧拉·艾希伯格 (Viola Eichberger) 和佩特拉·雷德斯基 (Petra Radeczki)。 感谢约翰娜·伯恩凯姆 (Johanna Bornkamm) 和瓦莱丽·阿斯曼 (Valerie Assmann) 对"建筑"这一章节提出的客观意见和在图像处理上提供的技术支持。 在康斯坦茨期间，苏珊娜·荣 (Susanne Jung) 为我的手稿完成提供了极大的帮助。 贝克出版社 (Beck Verlag) 的斯坦福妮·赫尔莎 (Stefanie Hölscher) 提供了有益且可靠的支持，还有安德雷亚斯·魏腾松 (Andreas Wirthensohn) 高度的文字敏感性帮我和读者们省去了很多错误和麻烦。

2007 年 8 月于特劳恩基兴

前　言

　　"只要某事是这样，它就不是将会这样的事。"这句话出自马丁·瓦尔泽（Martin Walser）的一本自传体小说（瓦尔泽/Walser，1998：9）。回忆无权向存在要求什么。对困扰我们、发生在我们身上的事情做出反应的是构成知觉和体验的感觉，而这些意识奠定了我们接受和经历的基础。只有当这个此刻成为过去、终止或者结束，回忆才能够出现。不过，如瓦尔泽所认为的，回忆有了一个新的对象：被回忆的并不是当时的事件，而是变成了以当下的视角去看待的它，并且它很有可能还在不停地发生新的变化。新的当下所决定和判断的过去，绝不可能与曾经的当下相一致。只要过去还是当下，它就交织着对未来的期望。但那已经成为过去的当下所期待的未来却是最先逝去的。那些曾经的未来就这样变成了现在：我们本人此刻成为判决它的贡献与成果，以及它是否是幻想、假象或者可怕的乌托邦的审判者。没有包含在未来像中的曾经的现在显得如此陌生，我们对其无法进行辨认；这就是具有未来视角的当下和过去视角中的当下的巨大区别。

　　人类无法放弃回忆，凭借回忆他们超越各自当下的时间维度延伸至那些不在场的事件。人类所拥有的回忆（译注：在此翻译中，回忆指个人的回忆，记忆指集体对于过去的回忆）是一种非感官的接受形式。被回忆的过去可能是一种纯粹的建构、一种虚造、一种幻象，但它确实是一种被直觉和主观认为是真实的感知。 比回忆的真实性更重要的是那些被回忆的事件的意义："在当下的回忆中，逝去的人物和事件变得意义重大。 那些曾经的存在，现在出现在叙述的语言中。 ……回忆意味着：赋予那些逝去的事物以现代的意义。"（特莱歇尔/Treichel，1984：173）通过回忆，人类不仅拓宽了时间的跨度，也获得一个非常重要的反省自己的维度。"与过去打交道的人将要面对的是自己。"（科塞雷克/Kossellek，1970：361）过去是一面镜子，在镜中我们超越当下感知自我，并将我们口中称为自我的（事物）不断地进行重新组合。 这面镜子能够将投入其中的映像英雄化，并将这一形象放大两倍反射出来，不过它也可以刻画出消极且羞耻的样貌。 尽管过去并不具有自主本体的状态，而是依赖于我们与它之间的关系，可它绝不仅仅是一个取决于我们需求和喜好的变量。 它超越了个人和集体的掌控；它无法被专权操控，无法被最终评价，无法被永久否定，并且最重要的：它绝对不会被完全摧毁。 那些企图独掌、妄断、否定或者摧毁过去的尝试恰恰强有力地证明了这一点。过去自身要求获得承认并且不断地被重视。①

　　记忆中的历史是极其不稳定的。 瓦尔泽如是说："每十年都存在另一种为时代精神所推崇、与时代精神相符合的对待德国过去的方式。 60 年代没有人愿意提及②，因为时机还不对。 每十年都变得越来越敏感，越来越苛求。"③瓦尔泽在其"时代精神"概念中将批评指向大众媒体及其舆论导向作用；他鼓励有行动力的作家始终保持

---

① "后现代对现代的回应在于这样一种理解和认同：由于过去无法被摧毁——因为它的毁灭将导致沉默，因此它必须以新的方式得到重视：带有讽刺的，却不是无罪的。"（艾科/Umberto Eco,引用自波赫尔/Bohrer，2001a）

② 指对犹太人的大屠杀。

③ 《谁若年轻一岁，那他就不会明白——与马丁·瓦尔泽和君特·格拉斯的对话》，发表于《时代周刊》2007 年第 25 期。

自己的真诚情感并且不断逆时代潮流而创作。 只是他没有提及，这将在一定程度上明显改变他们和过去的关系，并且对促进时代精神的改变也并非无关紧要，就像格拉斯（Günter Grass）2002 年用他的作品《蟹行》所做到的。 当像格拉斯这样的作家仍旧热衷于谈论"最低落的阿登纳时代"，并且暗示，这一时代甚至比纳粹时代更加糟糕，恩岑伯格（Hans Magnus Enzensberger）等作家则毫不隐讳地表达对这位国家领导人伟岸形象的赞叹。 记忆中的历史就像那些从不明确表达自己的价值、观念和回忆的人一样飘忽不定。 从历史学的角度来看，我们所描绘的历史的形象可能在一个渐进的过程中变得越来越可信并且完整，而从个人、时代、大众媒体以及各种公共展示来看，历史表现出来的是一个不断持续的自我审视过程。 还应补充的一点是，历史正是在这样一种模式中保持其"生动性"的。

这些仍旧生动或是被保持生动的记忆便是此书的研究对象。 撇开那些具体的研究，对我们的集体过去，我们今天还（或者又）了解多少呢？"记忆中的历史"这一方程式可以用不同的方式去解读。 它的解答可以是那些真正存在于民众意识中的东西。 在这一层意义中，那些沉淀在记忆中的，有实证可加以证明的历史便是我们今天所说的"集体记忆"。 它构成了某种知识的共同基础，而这种知识是根植于整个意识之中的。 不过它并不是我们在这里选择的切入点。 涉及教育政策、教学计划和历史能力的一般性问题也不是我的研究主题。"德国人应该回忆什么？"和"真正存在于人们记忆和普遍认识中的德国历史是什么？"这两个问题在这里我们无法回答。其中第一个问题是教学大纲设计者的任务，另一个是问卷调查专家的任务。 确切地说，我的问题是：我们如何面对历史？ 在历史学科之外它是如何被谈论、被解读以及被描述的？ 在本书中，记忆中的历史将涉及那些正在场或者还在场的人和事，以及那些被保持在当下或者被再次忆起并由此重新进入意识当中的人和事。这里涉及的不是头脑中可以被测试或者可以被灌输的历史知识，而是不断变化着的历史兴趣、不同形式的历史倾向、历史所提供的各种经历以及对历史的消费。[①] 因此该书的焦点更倾向于民族志学。研究的对象除了代际、家族和城市形象中的个人历史经验以外，还有关于公共历史的讨论，以及 2006 年和 2007 年历史流行市场中种类繁多的商品。

其中一章将涉及"代"这一主题。每一代人都共享某种基本经验、阐释模式和狂热情感，他们以此表现出对历史各自不同的观点。社会中当前的价值冲突和对立的思维方式应当是跟随着代与代之间的裂痕走向的。另一章将涉及家族记忆。我们正在经历一个小说盛行的时代，作家在他们的作品中通过家族记忆开辟了一条直通德国历史的道路，他们对两代、三代，在部分作品中甚至对更多代人，进行了回顾。此外，我们还将讨论建筑的历史，即建筑物和与之相关的我们每日活动于其中的、作为历史现场的城市。最后，我们将对"历史图像"进行讨论，它们是如何在展览中被展出的，如何在大众媒体中被表现的。按照这一顺序，我们从被表现的历史跨越到以物质形式传播再到以媒体形式传播的历史。在接下来的一章中，我们将以一种新的方式展开对有关德国历史或长或短的问题的研究。虽然历史的每一代人都被限制在他们无法逃脱的特定年限中，然而通过不同代人同时地相互影响，这一具体存在的界线将被跨越，不同的视角也由此相互交叉。这一点也同样适用于家族的回忆框架，在这一框架中个人短暂的生命时段被嵌入包含各种经验和影响的较

[①] 鲁尔夫·许尔肯(Rolf Schörken)曾经就提出过类似的任务，即对日常生活中历史的交流形式、传播形式和心理处理形式进行研究，本书将涉及这些问题。

长的历史关系中。 当我们从生平描述式的、被表现的历史，过渡到被物质化和被媒体化的历史时，时空将朝着更远的地平线展开。 不过这一遥远的时空同样触手可及，无论是通过空间中的存在还是通过媒体表现中的实时焦点。

瓦尔泽以其精彩的开篇语强调了借助回溯式记忆行为对过去的重新构建。 然而不可忽视并且同样具有研究价值的，是在永远逝去的过去和当代的重新阐释这两个绝对极值之间的过渡。 我想指出的是，两者之间存在着一个似是而非的、存在于"正在成为过去"和"已经成为过去"之间的"仍在当下"的广泛多样性。 在一个社会中共存的几代人共同演绎着过去、现在和未来；我们城市中的历史建筑将过去时代的当下展现在我们眼前。 类似的还有那些在博物馆中被展出的、在古代艺术品展览中被陈列的、在二手市场被贱卖的历史物件。 现在含有过去，过去以一种真实的、物质的并且压迫的形式从四面八方将我们包围。 对已经成为过去的"仍在当下"进行补充的还有符号和图像，它们不需要对自己进行表现就能重现过去。 从那些"亲历过"历史的时代见证者和"真实的"文物古迹，到以影像、电影、展览及其他媒体形式对它们进行包装，存在着一个天衣无缝的过渡。 过去的"仍在当下"逐渐被媒体化，并且建立起不在场者某种类似感性的存在。 因此，为接下来的章节做抛砖引玉之用的问题，即有多少不在场仍旧存在，有多少过去还有意识或者无意识地留存于当下？ 以及这一不被人感知的"不在"是如何以感性清晰的方式被表现的？ 过去与当下，远处与眼前，彼时和此刻是如何交织重叠的？

开端：德国历史有多漫长或是多短暂？

2006 年 8 月底，在德国新闻界一片沉寂之时，君特·格拉斯 (Günther Grass) 的"自曝"令世人大为震惊。从此我们知道，他姓氏的最后两个字母于他的人生来说，同样具有象征性意义。（译注：SS 是德国纳粹党卫军"Schutzstaffel der NSDAP"的简称。）在这本自我袒露的自传体小说中，君特·格拉斯描写了一个双重的自我，他被"禁闭在书里，绑上了书市"（格拉斯/Grass，2006：15），这本自传体小说（译注:指《剥洋葱》）成为他整个文学生涯中最有名的作品也是封笔之作。同时，相对于他从一开始所扮演的英雄主义者、冒险家和擅于"扮鬼脸的男孩"等各种角色，这部作品像是一间"更衣室"。此外，他给我们介绍了这个小男孩的第一次文学创作计划——一部关于卡舒贝尔人的长篇小说。这时的他"是在去往时间纵深的路上，对那些滴着血的历史内脏贪得无厌，对那个黑咕隆咚的中世纪情有独钟，或者迷恋着那打了三年仗的巴洛克时段"。"我也混迹于"，他继续写道，"十字军的长蛇阵中东征耶路撒冷，担任红胡子大帝的御前侍从，作为条顿骑士团的一员，在古普鲁士人那里东砍西杀，被教皇大人一声令下革出教门，鞍前马后地为康拉丁王子效劳，毫无怨言地成了斯陶芬王朝的陪葬品。"（格拉斯/Grass，2006：38）

1942 年，当格拉斯在 13 世纪的历史里编织情节时，如他之后所说的，对当时发生的像"城郊的这些成了家常便饭的不公现象"：

"斯图特霍夫集中营日益膨胀"、"但泽幸存的犹太人被驱逐到毛瑟巷聚集区和送进特蕾西史塔特集中营"的事件视而不见。被德国伟大漫长的历史所激发的、对英雄主义极度渴望的迷恋，遮挡了他对当下不公现象的视线，他之后是这么说的。对于当下他并没有提出疑问，"为什么"这个孩子们最爱的词汇并非他当时所想。

　　人们对历史感兴趣的焦点在第二次世界大战结束的四十年之后发生了急剧转变。德国悠久的历史在80年代变得黯然失色，国家社会主义和大屠杀的那段历史被急切地推向幕前，同时伴随着的是对"为什么"和"谁"的责问。这一历史的转向成为"六八年代"的标记。（译注："六八年代"指德国的六八运动"68er-Bewegung"，即1968年由左翼学生和民权运动共同发起的反越南战争、反资本主义、反德国"二战"后的专制主义的运动）这一代人在愤怒地回望过去、控诉其父辈的同时，将犹太受害者的苦难史提升到大众意识中。针对这一现象，比勒菲尔德市的文史学家卡尔·海因茨·波赫尔（Karl Heinz Bohrer）在2000年左右撰写的一些散文中，提出了他的"被极大缩短的德国历史"理论。[1]他分析认为，德国人正遭遇一次严重的历史缺失，然而对此他们却并没有意识到，因为他们同时正在狂热地对历史进行回忆，只是这一历史回忆并没有展现出过去岁月的深度和广度，而是整个地集中在大屠杀事件上。正是因为这样，漫长的德国历史被压缩成时间历史中很小的一段。希特勒独裁的十二年成为了整个德国历史的转折点和关键点，之前的一切都是以此为目的而发生的，而所有之后发生的则被简化成了它的历史后记。波赫尔绝不是要忽略德国历史经验中这一创伤性的最低点，他只是试图将其归

---

[1]　波赫尔对这一论题进行了多次论述。我们将提到的文章有：波赫尔/Bohrer(1998)：《罪责文化还是耻辱文化？以及历史记忆的遗失》；波赫尔/Bohrer(2001a)：《记忆缺失：社会批判能力的亏空》；以及波赫尔/Bohrer(2001b)：《历史悲伤》。参照阿斯曼/Assmann，2001：5。

为对于一个国家历史叙述中的长时段事件（longue durée）中的一件。

当波赫尔谈到历史，他指的是"记忆中的历史"——作为公众生活和意识的一部分，作为国家的共同情感基点。他认为，德国人已经完全失去了民族/国家历史。随着国家意识的削弱，他们同时也失去其对于历史"超我"的感觉，也就是波赫尔所说的"民族的集体维度"。（波赫尔/Bohrer，2001a）他指责道：正是历史学科将民族/国家历史的对象局限在社会结构和经济结构中，从而促成了这一历史的消亡。波赫尔指出在欧洲乌托邦和宪法爱国主义中存在着同样的对民族国家概念的拒绝，他将这一态度定性为对历史的逃避。

波赫尔认为"大屠杀象征"是德国记忆缺失的重要原因。通过将德国的记忆局限在国家社会主义和大屠杀这一"德国有责任的、与历史道德相关的超级难题"（柯卡/Kocka，2005：73）上，历史的深度被截断了。[1]波赫尔说，从那以后"准则凌驾于历史"之上：从宗教改革到法国大革命的近代史的早期三百年，几乎早就不存在于德国历史思维中了。中世纪史完全被剔除，在教师培训中这段历史已不再是必修科目，历史被简化成了仅仅是德意志联邦（BRD）的当代史了。

波赫尔关于德国记忆干扰和历史被简化的学说从年轻一代人那里同样可以得到印证；只是年轻人声称，这一记忆干扰自身就是一种历史创伤的症状。例如作家米歇尔·克雷伯格（Michael Kleeberg）曾经在一本小说中写道："如果人们允许我们德国人这么做的话，我们早就将所有的记忆摧毁、所有的连续性切断了。由于我

---

[1]　例如德国对世界霸权的争夺，历史学家弗里茨·费舍尔（Fritz Fischer）从希特勒倒推到第二帝国，从俾斯麦再到威廉二世；在许多其他的历史描述中，希特勒无疑是追随着路德、弗里德里希二世和俾斯麦这条线下来的。

们被阻止，结果我们与自己的过去的连续性被剪短，似乎不存在了，我们的记忆发生了故障。"（克雷伯格/Kleeberg，1998：28）波赫尔将历史的磨灭归咎于"六八年代"，他们因回忆一个历史阶段而导致了对众多历史阶段的遗忘。①这一"以回忆遗忘"并不仅仅是一种副作用，而且是某一代人期望磨灭或者重建历史的深层欲望。他们对文明断层所作出的回应已经成为与历史的彻底决裂，伴随着的是期望"能够通过一次净化式的自我毁灭获得重生"。波赫尔认为对德国历史的抹消也无意识地成了抹消犹太民族罪恶的陪葬品。"负的创世神话"抹消了德国民族国家史；"历史中留下的除了造成忘却的记忆源泉外别无他物"。（波赫尔/Bohrer，2001a & 1998：79）

实际上这十几年来对纳粹历史的探讨，如当代史专家汉斯·君特·霍克斯（Hans Günther Hockerts）所证实的，已经成为"德国政治话语中的主导话题；以至于如果不加特别注释，人们会自然而然地将'过去'理解为纳粹的过去"。由德国民众发起、在德国这片土地上发生的大屠杀这一历史经验"不是德国历史众多事件中的一件；它造就了一个负面的创世神话，这意味着：它是这个国家政治文化的试金石"。（霍克斯/Hockerts：2002，53；参见阿斯曼对波赫尔/Bohrer：2001 的答复）这一负的历史遗产没法被抛开；只有通过接受它才可能有所保留地摆脱它并且与受害者建立联系。并不需要动摇这一基础，我们今天能够再次提出波赫尔的问题。不过我们必须首先对这一问题的合理性进行检验。

---

① ［波赫尔/Bohrer，1998：8］在战后的德国，"历史"和"性"对于成长中的一代具有同样的地位：两者都是禁忌、耻辱和启蒙的对象。对"短暂历史"的聚焦确实是在 70 年代开始的较新发展。例如：作家 W.G.塞巴尔德（W.G.Sebald）生活在阿尔高地区（Allgäu）封闭的回忆环境中，他在中学时代对纳粹的罪行完全不了解。第一次世界大战后奥地利的许多中学已经停开历史课了。（Reiter，2006：81）

赫尔曼·吕博 (Hermann Lübbe) 在 80 年代初告诫我们,从来没有哪个时代像我们现在这样如此热衷于过去。他以不断扩张的博物馆的密集程度来描述并印证人们对历史关注度的快速增长。他强调:"我们生活在一个历史上罕见的文化博物馆化膨胀的年代。"(吕博/Lübbe 1982:2 & 1983) 他还说,这一博物馆化过程正不断蔓延至其他生活领域。这一现象绝不仅仅是一个表面现象,它更多的是证实了一种与历史文物真实的、情感上的关系,人们耗费大量物力和财力保护这些文物免遭破坏,为的是使之能够成为重现不可逆转的历史时代的见证者。博物馆的兴建反映出的是与那些已经成为过去的最为迥异的生活领域、地区和时代越来越紧密的关系和联系。

这一最初由吕博描述的趋势随后得到很多人的赞同。80 年代后期哥特弗雷德·科尔夫 (Gottfried Korff) 写道:从来没有哪个时代像我们一样如此"热衷博物馆,尤其是热衷于兴建博物馆"(科尔夫/Korff,1989:67)。对于过去的兴趣也是有据可测的:参观者的数量持续增长,从而确立了博物馆作为我们休闲和体验活动的主要组成部分的新地位。霍克斯对这一发展总结如下:我们生活在一个"彻底历史化"的时代;我们的当下"简直是泛滥着与过去有关的各种联系"。(霍克斯/Hockerts,2001:60)

吕博的"扩张性历史主义"理论和波赫尔的极端历史缺失观有什么关系呢? 如果我们能够认识到,他们在这里作为讨论基础的是完全不同的历史概念,那么我们就能够化解这两者之间的明显对立。吕博援引的是科学技术进步意义上的文明历史概念,因此他倾向于用"进化"或"进程"这些概念替代"历史"。他的理论牢牢建立在那些被七八十年代的哲学家、社会学家、历史学家和文学家奉为绝对导向的现代化理论根基上。根据这一理论,现代化通过创新不断占领未来,同时它也产生了将过去从自身分离出去这样一种不可避免的副作用。在创新与"古旧化"的辩证过程中，现代化以一种将当下远远甩在自己身后的方式创造了过去。①在文明进化加速这一前提条件下，博物馆成为收集、保护并且参观过去的社会场所。不断推动技术生活世界变迁的科学进步是推动文明进化的助力器。在这一过程中，旧的，准确地说：被做旧的，不断地被全新的所摒弃。做旧和淘汰是技术创新在社会和全球变迁中表现出来的结构性副作用。

在现代化过程中被抛弃的变成了对历史好奇与怀旧的对象。而人们对此也不会有十分特殊强烈的情感。吕博所提及的博物馆被当作一面镜子，从中人类认识到了自身进步的利与弊（对他来说最合适的例子是位于德国图林根州南部苏尔市的武器博物馆）。对于那些可以说是因为创新或者疏忽大意而从我们手中遗落的不可挽回的过去，博物馆类似于失物招领处。它令大家深信，某些东西尽管从历史大潮中退出，但在某个地方总会有一个能够获得最佳庇护并且可靠的场所。这就是博物馆的补偿功能。所以，吕博的结论用他自己的原话表达便是："通过渐进的博物馆化，历史所负担的某种经验得到了补偿，而这一经验则是由与变化速度相适应的文化信任萎缩带来的。"②对于吕博来说，历史恰是一种"过去的状态"。通过代表发明

---

① 这一理论的基础是对过去和未来，对经验和预期的分离。"现代性……渴望个体的不确定，渴望在一种持续的情绪中，渴望从客观角度不断朝绝对的个人主观性逃离。要成为超现代就是要在成为先锋的同时延续创造未来的视野，这是一种不带客观决定的开放的未来，不被以往的限制所束缚。对于超现代主义者来说，传统必须被抛至身后，它们应被舍弃并且最好是被遗忘，因为未来可以获得有意识的创造，且没有限制。这种超现代主义观点的狂妄自大与目的论式的叙述所反对的没什么两样。"（罗伊德/Lloyd，2005：79）

② 吕博/Lübbe(1982：18)。于尔根·柯卡/Jürgen Kocka(2005：74)早已指出，类似的思考雅各布·布克哈特(Jacob Burckhardt)在1870年左右就提出过。他当时回顾了以往83年间的革命，这给他带来了一种眩晕感。因此他认为有迫切的必要性，在一个加速的革命转变时代不丢失"所有的思考"，而是创造一种平衡的力量。在现代社会里这一平衡的力量对他来说是对过去的学习，他撇开"所有的辩白或控诉"："只有从对过去的观察中我们才能获得衡量一个运动的速度和力量的标准，而我们自身正生活在这样的运动中。"

品和系列产品的历史位置,任意的对象都能够获得意义。这一类型的过去并不特别"沉重",因此吕博的研究的副标题是"关于我们消遣历史物品的原因"。仅仅是作为过去状态的历史,与树立忠诚、促进形成义务、经验和某些情况下产生长效后果的历史稍有不同。当历史遗迹由于其已经不存在而获得某种怀旧意义,历史事件获得意义的方式则是,它曾经存在过并且将以某种方式仍然存在。

作为进步的历史——作为记忆的历史

吕博和波赫尔描述的显然是两种不同形式的与过去的联系。波赫尔谈论的是国家历史,吕博指的则是文明进化。吕博的文明进化的主体是人类;波赫尔理论中描述、回忆和纪念历史的集体主体是民族/国家。在对比式地回顾二人的理论中,我们能够从两位作者的态度本身观察到某些"历史",即可以看到在处理过去的过程中所发生的重大的话语和阐释框架的转变。吕博是在七八十年代的现代化理论的范式中进行思考,①而波赫尔的思考模式则是 90 年代兴起的文化记忆理论。现代化理论的框架内存在一些过程、机能、结构以及一个普遍化的主题:进步及人类。历史学科自启蒙运动以来即被确立为"在疑问中被认为是欺骗性的个人和集体记忆的对立两极"。这里谈论的并不是记忆和回忆。相对应的,"文化记忆理论"框架中的事件、叙述、回忆与遗忘、感觉、纪念、创伤一直与个人和集体两个主体相关。在吕博和波赫尔的相互关系中"作为进步的历史"和"作

---

① 作为对人文科学和社会科学具有决定性意义的示范,现代主义话语在这一时期得到了巩固,这尤其表现在比勒菲尔德大学和康斯坦茨大学的创办。激进的哲学家、社会学家、历史学家和文学家都为提升这一影响广泛的思想流派的吸引力做出了贡献。在这一思想框架中出现的令人惊异的学术成就从未被超越;只是现在回想起来,这一思想框架的界限和盲点变得越来越清晰。

为记忆的历史"这两个研究范式可以说是典型的对立。[①]

在记忆范式中尤为崭新的是"身份"（或"认同"，Identität）这一概念，而在现代化理论中却几乎不见它的身影。这一概念在 80 年代后期以来的出版物中逐渐获得重要性。[②]吕博所谈及的"身份"明显只与物质形式相关，即它涉及的是物体而不是主体。例如城市形象中被保护起来的古迹将不再被改变，它们的作用就在于，在飞速改变的城市建筑形象中"确保具有唤醒作用的元素，即构成身份认同的元素"。其他的适用于主体的身份意义被吕博一带而过，在他的一段总结中赫然写道："历史意识使已变得陌生的过去能够成为自己的过去。"（吕博/Lübbe，1982:18）不过他并没有进一步解释，这种变为已有的价值是如何体现在收藏风车、农具以及裤子上的纽扣的博物馆上的。此外，认同话语不适用于马克思主义史学观，同样也不适用于现代化理论。我的观点是，新的（不仅仅出现在德国，而是在全世界范围内可以注意到的）关于记忆和认同的主题的兴起，与创伤性断裂的经验和认知有关。[③]记忆和认同成为学术研究的对象，乃是因为极端暴力的历史后果开始慢慢进入人的意识。推动今日的记忆话语和认同话语进行的那些历史创伤，部分可以回溯到已经过去的半个世纪甚至更久以前；除对犹太人的屠杀之外，对原住民的殖民化以及中央航路（Middle Passage）的历史经验即对非洲人的奴役和贩卖，都占有一席之地。当现代化和变革加速的经验出现于"补偿理论（Kompensationstheorie）"中，文明毁灭等历史创伤经验促成了

---

① 参照霍克斯/Hocherts(2006:26)的观点。当后者(科内里森/Cornelißen，2003)使用"记忆文化"这一概念后，前者挑衅地提出"记忆崇拜"一词。

② 路茨·尼茨哈马/Lutz Nietzhammer(2002)从一种批判的角度分析了这一发展。

③ 心理学家埃里克·H.埃里克森(Erik H. Erikson)言之凿凿地阐明，身份不是被简单设定的，它描述的是一种通常由危机经历引发的生命任务。

关于集体的记忆建构和认同建构的研究。

波赫尔的新民族/国家历史的理想

在现代化话语的框架中——特别是在西德——波赫尔连接了三个已经被视为过去的概念:国家、历史和认同。在德国战后时期的学者中,存在着拒绝与国家相关事物的一致意见,取而代之的可以是不同的形式:军事上的向西方世界靠拢、跨国界欧洲乌托邦、抽象的宪法爱国主义和共产国际。作家塞巴尔德 (W. G. Sebald) 在与佛克尔·哈格 (Volker Hage) 的一次谈话中表示:"一个国家表明自己的合法存在是它的自信,借助这种自信人们对历史追根溯源。我们完全缺失了这一点,我们的历史是耻辱的历史。"(哈格/Hage,2003:44) 这一被"六八年代"普遍持有的态度,正是波赫尔所反对的。[①]因此我们今日需要提出的问题是:长期和短期记忆、道德和历史、否定与认同是如何相互协调的?

然而,首先需要提出的问题是:波赫尔的"国家历史"指的是什么? 对他来说有两点起着非常特别的作用。首先,国家历史是可以构建认同的。通过共同的历史关联,个体能够体验自身作为整体的一部分。个体的自我获得一个"超我"(即超越自我),就像是波赫尔谈到的国家集体,这一"超我"令他或者她超越了私人的存在。这一"超我"并非道德良知,而是一个对于个体来说必须能够被感觉到的公开的本身。(波赫尔/Bohrer,1998:6;波赫尔/Bohrer,2001a) 因

---

① 波赫尔强调,1968 年的热情是以道德教化而不是以悲痛来应对历史的挑战。因为他们无法将创伤转换成为悲伤,即便他们所作出的回答是集体的自我蔑视。罗尔提(引自波赫尔/Bohrer,2001b:9)也提道:"做出这一行为的人,不应在无边的自我蔑视中继续生存,不应惊恐地凝望自己的过去,而应保持一个能够永远杜绝这些行为的行动者身份。"

此国家历史并不仅仅是好奇、认识和反思的对象，它首先是一种感情和认同上的东西，关于它的极端形式我想在这里再次提到青年格拉斯所说的"德国历史的光辉形象"："我……担任红胡子大帝的御前侍从，作为条顿骑士团的一员，在古普鲁士人那里东砍西杀，被教皇大人一声令下革出教门，鞍前马后地为康拉丁王子效劳，毫无怨言地成了斯陶芬王朝的陪葬品。"

其次，国家历史必须是能够被叙述的，这样历史才能获得认同的形式；它需要体现在栩栩如生的图像、形象和历史中。波赫尔也提到了关于喜事和丧事的集体礼俗。对于波赫尔来说，国家历史的结束意味着对战争中死者所进行的哀悼的结束。"悲怆"是波赫尔最喜欢的词语之一，对他来说该词所表达的并非个人情感，而是一种能够以一定范式描述的、跨越几代人传承的感情。他将国家历史定义为"由画面、认同、联系、梦想所连接而成的网"（波赫尔/Bohrer，1998：4）。社会学家们现在很少将这一共同的情感、构想、关联、联系和图像基础称为"意识形态"，而更愿称其为"社会想象"（sozialem Imaginaire，C. Castoriades）或者"国家记忆"。波赫尔定义的"国家记忆"超越几世代、重大历史转折和时代，具备一个社会的集体精神和道德基础，在时代的变迁中，社会是对自身加以解释、确认自我同一性的镜子。

记忆文化的三个维度

我们现在的历史太多还是太少？这一问题需要进一步的区分。从吕博和波赫尔出发，我们可以获得不同的与过去的联系，它们是由不同的动因所促成的：

1. 第一个动因是好奇。对于这一好奇的解答我们可以在历史书籍、博物馆、电影以及建筑纪念碑和历史景观中寻找。重返过去的时间旅行,不管是以纪录片形式还是以主题公园形式,都有着极高的娱乐价值并且在文化预算中占据越来越大的比重。文化——特别是这一领域中的历史——相当叫卖。当然并不是所有年龄层都对历史感兴趣;当被作为目标人群的成年人和年长者被虚拟的历史世界所吸引时,年轻人或许更愿意在网络空间遨游。

2. 第二个动因与确认认同的需求相符。这一点涉及的并不仅仅是一般的好奇心和获得更高信息及娱乐价值的愿望,而是自身的历史。19 世纪的观点认为,个人认同或者民族/国家认同,只有通过历史才能获得。[①]因此记忆属于,如德雷森(Droysen) 曾描述的,"人类最独特的本质和需求"。一个个人或者一个群体"在他/它的形成过程和他/它的历史中有他/它已经成型的形象,以及关于它自身的阐释和意识"。[②]这一进入历史的方式,尼采称之为"怀古的",强调其中可见的情感的跃动(他甚至使用了宗教中的"虔诚"这一概念)。尼采认为,个人及集体对于自身的历史,对于清清楚楚呈现、并以物的形式展示出来的所有东西,都存在一种情感性的联系。

3. 回忆的第三个动因来自一种命令强迫。当回忆的主观冲动缺失,或者相反的,当记忆主动遗忘耻辱与罪责时,便有"你应该回忆!"这一命令。这是对过去的某些事件作为道德义务的

---

① 尽管当时并没有"身份"(Identität)这一概念。例如,赫尔德、康德、歌德或者尼采使用"性格"(Charakter)一词。

② 约翰·古斯塔夫·德莱森(Johann Gustav Droysen),载《历史学家》,发行:彼得·雷(Peter Leyh),斯图加特 1977,45(引自科内里森/Cornelißen, 2003)。

认同。"纪念碑"有广义和狭义之分：它可以是某个令人赞叹的历史古迹或者某种情感上的联系（这与前两个动因相符），也可以是记忆需求的物化象征。作为"memoria"一词的词源和语义核心，"monere"最初的意义是"告诫"。纪念碑与提醒相关，它提醒人们不要忘却某件事情，并不仅仅因为记忆是断断续续的，而且因为记忆试图对过去的负担表示拒绝。赫伊津哈（Huizinga）在定义这一维度时写道："历史是一种精神形式，这一形式中的社会对它的过去做出辩解。"（赫伊津哈/Huiziga，1938:9）因此这里的挑战就在于，接受来自外界视角的对自我形象的关注。回忆那些人们宁愿忘记的人或事并非回应人类学或者身份认同的需求，但恰恰如此造就了与历史相关联的伦理特征。回忆的这第三个维度是从群体联系中脱离出来，到达一个或是普遍主义的回忆水准，或是共同体所共有的回忆水准上，这些回忆能够将因仇恨而隔离的邻邦、胜利者与战败者、殖民者与被殖民者、受害者与施害者联系在一起。

借助对历史作为市场因素、作为身份认同和作为道德命令的辨别，我们可以更清楚地对吕博和波赫尔的观点进行区分：吕博在"作为好奇的历史"的框架内进行论述，相对应地，波赫尔的论述在"作为身份认同的历史"的框架内进行，他的论点即，它（作为认同的历史）不能永久地屈身于"作为道德命令的历史"。这里提到的三个动因的侧重点各有不同，在实践中这些侧重点绝对不能被忽视。最为主要的是，认同维度（我们想回忆什么？）不能与道德维度（我们应该回忆什么？）相互对立——反之亦然。如果这些维度之间相互排斥并且朝着一个"纯文化"的方向发展，结果就会趋向肤浅和扭曲，即以声势宏大的历史纪念活动和商演为例的纯粹娱乐产业，因排斥陌

生视角而造成的纯粹自我膨胀式的认同维护,纯粹充满创伤感的罪
责和忏悔文化。

回到波赫尔的问题:借助德国漫长的历史,今天能重建国家或
民族吗? 如果能的话,是哪一段历史? 针对这一问题我在这里暂时
给出四个答案,这些答案并不会结束我们的讨论,而将拓宽我们的
问题领域并且为之后的章节建立基础。

德国历史不可作为整体进行介绍或者描述

与波赫尔的观点相反,古斯塔夫·赛博特 (Gustav Seibt) 强
调,德国历史——与法国不同——没有完整统一的传统和描述习惯。
这一历史,根据实时需求,时而以强大统一、时而以羸弱分裂的视角
被重建。对于漫长历史的统一可以追溯到 19 世纪初拿破仑的阴影笼
罩德国乡村时的一个公民教育梦想。(《时代周刊》2011 年第 28 期)
这一梦想后来表现为具有强烈政治动员力的幻想,其结果是,作为
民族形成历史的同行者与这一历史一道迎来了悲剧的结局。

分裂是德国历史的特征

不仅从那些接踵而至的不同国家形式(神圣罗马帝国、德意志
联邦、魏玛共和国、第三帝国、东西德并存、联邦共和国)中人们无
法看到一个统一完整的形象,[1]这些时期本身就充满各种分崩瓦解,
而且基督教的分裂以及王朝与地方相互对立的传统也阻碍了统一文
化风格的成型。德国文化的摇摆不定不仅存在于皇帝与教皇、巴伐

---

[1]　参见弗里茨·斯坦恩/Fritz Stern(2007)令人印象深刻的回忆录。

利亚人与普鲁士人、宫廷与城市之间，也同样表现在倡导内心良知和禁欲主义、追求直接表现且蔑视礼数的新教文化与强调集体参与且提倡性欲、遮掩、礼数和风俗的天主教仪式文化之间。

没有有意识的分裂就没有再次的联系

1945 年之后的几代人对历史的麻木不仁与 1945 年之前几代人的历史狂热有着直接联系。年轻的君特·格拉斯崇拜希特勒和乌尔里希·冯·胡滕 (Ulrich von Hutten)，而希特勒则在胡滕身上找到自己英勇的身影。古老的德国历史偶像出现在宇宙电影公司 (UFA) 的大众电影中，并被滥用于政治动员中。在纳粹行之有效的纪念文化宣传策划中，远久的记忆与当时的需求一拍即合。军事行动被冠以诸如"红胡子大帝"或者"查理曼"等响亮的名称；约克·冯·夫伦斯伯格 (Jörg von Frundsberg)，农民战争中的英勇先锋，早在格拉斯加入党卫军之前就一直是他伟大光辉的偶像。当然，红胡子大帝、卡尔大帝和农民起义者对当时的战争没有起到任何作用，但是历史，尤其是民族/国家历史，同样一直是记忆的历史与接受相联系的东西。如果德国人想要回忆历史，那他们就无法避免地要去回忆历史是怎样被回忆的。

支离破碎替代完整统一

强大和统一将不再是德国历史的中心了，因为曾经德国越强大，对它来说敌人就变得越重要，政治就越带有侵略性。德国的历史原罪在于将帝国与国家，将以扩张版图为手段的帝国扩张以及以排斥异己为后果的民族自我定义与灭绝（内部的）他者等同起来。对历史空间的深入审视从来都只是历史的一部分。这里适用的规则似乎是:回忆的统一体越小,历史的视角就越长远。地区、景观、城市和城市区域就没有传统和历史想象的问题,它们掌握了历史长久记忆的艺术。这里的口号是,越久越好。如果某市市长能够获得一份久远的记录,上面有这座城市的名称,那就和上面的首尾一贯了。根据新发现的史料,哈雷市(Halle)得以在很短的数年内,庆祝它的 500 年和 600 年建市史。不仅回忆的个体和集体是多样的,回忆的形式也不尽相同。历史不再如年轻的格拉斯所认为的那样,是一个封闭的鸿篇巨制形象,而是分裂成包含了生动鲜明的历史事件和极具回忆力画面的、所谓的"记忆之场"(*lieux de mémoire*)。这些全体的记忆画面的特殊之处就在于,它基本上是开放式的、谁都可以进入的,并且能够被不断调整。

被体现的历史：几代人的动力

> 我不是生下来这样。我的出生决定了我。
>
> ——戈特弗里德·贝恩 (Gottfried Benn)，《托勒密》

> 每一代人都全新地书写他们的历史——他们的历史是他们从这个世界获得的唯一。
>
> ——乔治·贺伯特·米德 (G.H.Mead)

> 总会有另一道曙光在正午升起。
>
> ——艾默生 (Emerson)

"谁若年轻一岁，那他就不会明白。" 2007 年 6 月份的《时代周刊》以这一标题刊登出了马丁·瓦尔泽和君特·格拉斯的谈话，这一年他们都是 80 岁。这句话将我们引入"代"这一主题。①这并不是一个全新的话题，不过直到最近它才在德国再次引起共鸣。与这一

---

① 《时代周刊》2007 年第 25 期。这句话出自瓦尔泽的一部小说。谈话围绕老年人和老年人赡养问题展开；关于年代这一话题，编辑伊丽丝·莱迪什 (Iris Radisch) 和克里斯托弗·西莫斯 (Christof Siemes) 仅把它作为边缘问题来讨论。当瓦尔泽和格拉斯详尽地控诉指向他们的媒体运动之后，编辑们提出这样一个问题："有没有可能，您所认为的运动是几代人之间越来越凸显的理解问题？另一代人是您所认为的对您误解并做追究的孙子辈那一代人。"这一在谈话中没有跟进的线索我将在接下来的论述中展开。

话题的现实意义最为相关的是经济问题；逐渐衰老的社会的特征表现在年轻人的经济负担上，他们必须支付养老金和赡养费。社会结构的团结稳定与一个社会的未来，建立在各代人之间相互协定的基础上，而这已变得十分困难。(格罗恩迈耶/Gronemeyer，2004；吕舍尔 & 里格勒/Lüscher & Liegle，2003；施尔玛赫/Schirrmacher，2004) 不过我的主题并不是关于未来的社会经济安全网以及由其带来的人口问题，而是关于体现在每一代人身上并且共存在社会中的不同历史。我们的出生日期正如我们所生于其中的家庭和地域、语言和文化一样，都属于每个个人生平不可支配且无法丢弃的陪赠。出生年月注定将我们每一个人固定在某一特定的历史时代，这个时代有着特殊的可能与不可能、机会、威胁与挑战。这里引起我兴趣的是这样一种以出生日期限定我们的历史指示，以及与之相关的不可分割、与众不同，但同时又在同代人中保持律动不止的生活经验和由历史经验中产生出来的肉体"激情"(Pathos)。这其中就包括——借用《时代周刊》的标题——不同代人之间特定的理解界限。

一代人——"水砖"

历史的一代代人为什么重要？ 它的意义是什么？ 它是如何出现的？ 世代的概念是观察被体现的历史这一过去的关键。这不是向那些创造历史的活动家们提出的老问题，而是关于历史对个人生平所留下的深刻印迹和持续影响的问题。文化学代际研究提出的问题是：历史是被谁以怎样的方式经历、回忆、遗忘和重建的？ 特定的经验以及处理这些经验的模式在社会话语中能够维持多久？ 由于社会总是由不同年龄层的人混合而成，其中相互摩擦的不仅仅是个人的观点和看法，还有代表集体的，被主观价值、态度和观点明确地或潜在地决定的经验模式和阐释模式。历史印迹和主观态度之间绝对不是决定以及不变的关系,因为对于相似的挑战其各自可能会有截然不同的答案。尽管如此,为了能够确立社会中一代人的身份并且更好地理解诸如联合、摩擦和冲突的代际结构的紧张关系,对积淀于传记中的人事,即被体现的历史中的各种回答形式进行研究也是有益的。

代际研究建立在社会学家卡尔·曼海姆(Karl Mannheim)的一篇迄今仍具有标志性的文章的基础上。这篇文章显示,属于年代的经验上和统计上的日期是与一种理论相结合的,即经验由集体所建构,而集体建构又分为不同的历史阶段。他所说的一种"代际关系"建立在具有决定性的共同历史经验、含有社会性模式的同质性和共有的价值体系上。总之,它们形成的是一种持续影响当事人生活历史的印迹。因此一代人的身份认同构成了我们个人身份重要的一部分,对其进行的研究如今也获得越来越多的,来自不仅是社会学还包括历史学、文学以及心理分析领域的关注。[①]

在家庭中不同代人是很容易被区分的。尽管同一个人能够先后扮演子女和孙子女、父亲和祖父,或者母亲和祖母这些所有的角色,但随着时间的变换,每一种亲属关系中的其他成员角色也在发生相应的转换。由于生物性的繁殖间隔,家庭中的一代代人能够很明显地相互区分开来。相比之下,社会的代际概念并没有一个相应的自然式的区分,因为人类出生在一个连贯的时空而不是独立分隔的时间簇里。于是社会的一代人的存在像是"水砖"。这一奇妙的自相矛盾的概念来自一位重建某古印度教仪式的印度学家。在这一仪式

---

① 曼海姆/Mannheim(1928);布德/Bude(1995 & 2001);丹尼尔/Daniel(2002);雷拉克/Reulecke
(2003);威格尔/Wegigel 等(2005);朱莱特 & 维尔德/Jureit&Wildt(2005);阿斯曼/Assmann
(2006a);达巴可/Dabag(2006)的文章为最新的代际研究提供了一个很好的概览。

中，牧师的任务是，通过诵读不同的"水砖"将一口想象中的水井填满。①谁若仅仅抓住年份的实际统计基础不放，那么他看到的则仅仅是飞逝的流水并从根本上否定代际概念的功能。然而定义一代人的并不仅仅是出生日期，还有类似的经历和挑战，交流和话语，以及累积经验的集体模式和以回顾历史的方式进行的身份构建。同年出生的人是保持砖块成型所使用的黏土，而砖块的形状则是某种想象，是一代人在其所体验的经历与随后的阐释这两者的相互关系中所得到的。这一想象并非不真实，只是它直接地渗入到个人的生活态度和生活实践中，从实质上共同规定了个人的自我认识和方向性。嵌入时间的日常生平和与社会话语的联系共同组成了某一个人的代际身份，这是由生物性因素和社会文化性因素共同构成的。

一代与一代之间的界限产生于影响深刻的历史体验和社会创新，这些都是人们所经历的历史转折。尽管危机、战争或者时代的转折实际上与它们各自的经历者在一个同步的时空里，不同年龄层的人对这些事件的体验还是有区别的。对相互联系的人口的划分是基于人生长过程中的关键时期理论。例如在语言习得的理论中，人们认为存在着一个神经系统接受能力最强的"关键时期"。随着青春期的到来，这一具有可塑性的潜力在神经通路硬化的影响下，一方面巩固了某些学习成果，另一方面却限制了其他成果的获得并且使得学习过程更加困难。② 19 世纪以来的代际研究学者正是以这一"关键时期"概念为相应的出发点，只不过这一阶段并不是 12 周岁之前，而是在 12 到 25 周岁之间。这是个人进入成年人承负责任的生活

---

① 查尔斯·马拉默德(Charles Malamoud) 2006 年 10 月在爱因斯坦论坛中关于"想象"的会议上的发言。

② 语言学家艾瑞克·勒内伯格(Eric Lenneberg)认为，这一神经上的成熟与性成熟是相辅相成的，一般发生在十二周岁。(勒内伯格/Lenneberg 1972)

之前个性发展的敏感阶段，这一阶段的发展和印迹将对之后的一生具有持续性的影响。因此，一个人是以老年人，还是以成年人、青少年或者儿童的身份经历 1945 年是有非常大的区别的。从两次世界大战难以想象的暴力中解脱出来的 20 世纪确立了一种异常统一的、以代际区分的人生模式，这一模式深入德国人的一生。①不同年龄层的人们以其各自不同的视角经历了战争：从两次世界大战战场上的战斗者，到以平民身份感受战争影响的儿童。在和平年代并不存在类似显著地区分几代人的标识；于是技术生活世界及其消费品的更新换代作为影响日常生活的关键因素，在今日占据了越来越重要的地位。市场的繁荣取代了历史的震撼。于是，一代人的印迹通过参与新的电子科技、新的消费方式和新的媒体世界等社会化行为得以实现。代与代之间的界限指向包括服装品牌、音乐品味和被大众集体消费的媒体事件在内的生活方式问题。由于这一市场创新的节奏不断加速，新生代的标签一波接一波地向前推进，不同的一代代也变得越来越多。

　　在如此迥异的历史和消费维度中形成的几代人有一点是相同的，即是主动参与与被动参与的结合。这一方面源自渐进或急速的变革所带来的影响，另一方面它又是对既成事实进行有意识地排斥和回避的结果。在西方现代文化（即 18 世纪末以来）中，每一代新人都有一种对抗性的潜质，它的矛头最先指向的是上一代人。每个青年都要求以不同的方式行动，以不同的方式思考。他们的身份认同和行为很大程度上产生于这种与前一代人划清界限的愿望。通过

──────────────

① 从男性年龄层上看这一点特别明显，他们被强征去服兵役──或者也可能是自愿。例如当 1942 年春季，15 岁的空军助手君特·格拉斯志愿报名海军战队时，他得到的回答是："别这么没耐心，小伙子，我们会尽快录取你们的"，只要"27 岁那批轮上了战场"。（格拉斯/Grass，2006）当入伍通知的命令书被放到餐厅父母亲的桌上时，也就是 1944 年 9 月，他这批才被轮上。

对通用价值的贬抑，他们与上一代人拉开了必要的距离。标新立异是自现代主义开端以来每个年轻人所标榜的永久权利和要求。他们被号召，不一定是向他们的整个世纪，但至少是向上一代人提出挑战。

接下来我们将试图确认对于20世纪来说意义非凡的历史中的几代人的身份，并且分别将他们的深刻印迹展现给大家。首先要讨论的这一代人，他们决定性的关键时期在20世纪中叶，因此，致力于以此为基础的研究的澳大利亚犹太历史学者德克·摩西斯（Dirk Moses）将他们称为"四五年代"。（摩西斯/Moses 2000）随后我将过渡到紧随这一代人之后的"六八年代"，并指出这两代人是如何联系在一起的。从这两代人出发，我将进一步重建时间关系上在这之前或之后的几代人的基本情况以及他们之间的互动关联。

"四五年代"

"名字中有什么？"莎士比亚的悲剧中朱丽叶问她的罗密欧，他的名字里不幸带着仇家蒙塔古的姓氏。她想知道，他名字中隐藏着的是什么；带着这个名字的人与那个姓氏的家族之间存在着某种内在的联系，还是这仅仅是被任意加上的一个标签？我在20世纪70年代初上大学期间给自己设立的一个竞猜游戏任务和这个问题很像。那个问题是："数字中有什么？"因为我注意到，那些向我们这一代讲授新奇知识的学术教师们，异乎寻常的都出生于1926年至1929年间。于是我开始收集一些有趣的年份，就像有人收集红酒和邮票那样。后来我了解到，赫尔穆特·谢尔斯基（Helmut Schelsky）将这些年份与"怀疑的一代"这一概念联系在一起。这一定语恰好符合那些在20世纪70年代重新审视和定义科学学科和话语的人：文学领

域的沃尔夫冈·伊萨尔（Wolfgang Iser，生于 1926 年），哲学领域的
迪特·亨利希（Dieter Henrich，生于 1927 年），心理治疗领域的海
尔姆·斯蒂尔林（Helm Stierlin，生于 1926 年），社会学领域的尼可
拉斯·鲁曼（Niklas Luhmann，生于 1927 年）、拉尔夫·达亨多夫
（Ralf Dahrendorf，生于 1929 年）和于尔根·哈贝马斯（Jürgen
Habermas，生于 1929 年）以及年龄稍有偏差的历史学领域的莱恩哈
特·科塞雷克（Reinhart Koselleck，生于 1923 年）。他们在各自领域
的见解绝不可能完全一致；但一致的是他们致力于创新的坚定意
志。他们结束了 20 世纪 50 年代以来的复辟活动以及与之相关的陈腐
语言和思考传统，建立了新的话语并且实现了一个连接世界的精神
领域的新开端。我当时认为，人们完全能够将"怀疑的一代"在大学
里所做出的贡献总结为"知识分子的联邦德国重建"。可我想象的事
情并没有发生，因为这些成果被归功于后来的"六八年代"了。（阿
尔布莱希特/Albrecht，1999）而另一方面，"六八年代"的代表人物
恰恰不是从"怀疑的一代"中寻找自己的榜样，而是在那些被驱逐出
德国、部分又移民回来的犹太裔知识分子，如西奥多·阿多诺
（Theodor W. Adorno），马克斯·霍克海默（Max Hockerheimer），
偶尔也算上赫伯特·马尔库塞（Herbert Marcuse），[1]以及在激进反
抗的思想家如马克思和恩格斯、弗洛伊德和本雅明、福柯和拉康身
上找榜样。这些前辈精神领袖各自对世界的解释和阐释的作品被奉
为神作来解读。在这一精神谱系的指引下，"六八年代"走上了一条

---

① 马蒂亚斯·格莱弗拉特（Matthias Greiffrath），生于 1945 年，于 20 世纪 80 年代在科隆西德广播
　　WDR 的资助下前往美国与那里的移民进行谈话，而那些移民并没有准备返回德国。他拜访了如
　　雷奥·雷文塔尔（Leo Löwenthal），阿尔弗雷德·松-雷特尔（Alfred Sohn-Rethel），汉斯-约阿希
　　姆·李波尔（Hans-Joachim Lieber），卡尔-奥古斯特·威特福格尔（Karl-August Wittfogel）和阿
　　道夫·勒夫（Adolf Löwe）。（格莱弗拉特 & 安德斯/Greiffrath & Anders，1989）

明显不同于他们上一代人的现代之路。不过他们实际的对立者是他们的父辈，与其展开了一场公开的两代人之间的斗争。当"六八年代"与他们的血缘父母，我在这里称其为"三三年代"，之间的紧张关系充满各类著作，"六八年代"与"四五年代"的关系很大程度上就更得不到关注了。我的论点是，了解一代人不能不去了解另一代人。

最近"四五年代"又一次高调进入社会意识。那些现在已是 80 岁左右的人们当年积极建立学派或研究机构的时代已经成为过去，而现在引人注意的——不管他们是否愿意——却是他们的整个生平。这里涉及的并不是这代人被普遍认可的在知识或艺术方面的光辉成就，而是他们被国家社会主义所影响的青年时代的一些事件。一条裂缝在人生成就和生平之间张开，它成就了观察"四五年代"这一代人身份的新视角。君特·格拉斯对其党卫军成员身份的坦白不仅在 2006 年的 8 月至 10 月间使德国民众大吃一惊，更直接引发了 *Cicero* 杂志（译注：关于德国政坛的月刊杂志）对于尔根·哈贝马斯的纳粹少年团经历的炒作。[①]随之令人再度震惊的是，2007 年 6 月人们在藏于柏林联邦档案馆的纳粹党中央登记册上的党员名单中发现了迪特·希尔德布朗特（Dieter Hildebrandt）、齐格飞·蓝茨（Siegfried Lenz）、马丁·瓦尔泽的名字。媒体对这一代人感兴趣的并不是这些时代见证者所拥有的显赫社会地位——如 1926 年生的约阿希姆·菲斯特（Joachim Fest）的回忆录《不是我》——而是他们勉强和被迫的历史见证人身份。只有通过事先了解社会与这一代人的关系，人们才能理解媒体揭露一群十六七岁少年的行径——其意义历史学家

---

① 布沙/Busche(2006)。这期月刊的标题是："忘了哈贝马斯吧！"，其主题是哲学界人物的新旧交替，其中对年轻一代的后起之秀进行了介绍。

并不了解——的兴趣及其巨大的反响。这些参与过纳粹时代社会化的一批人之所有具有十分特殊的意义，是因为他们是我们与那段时间建立联系的最后的鲜活纽带。这段过去，因生物性的换代更新和心理上的重新定位而离民众越来越远，因此变得越来越陌生。如果一个民族中的一半人经历过纳粹时代，人们对这些事件就不会表现得如此激动。在当时的人们看来还是普通正常的事情，由于社会关系的变化，对今天的人来说必定是骇人听闻的。对于这一随时代的变迁而不断变得陌生和迥异的过去本身，社会做出的回应是与其保持距离并表达道德层面的愤怒。为此，本身作为这一代人代表的历史学家克里斯蒂安·迈耶（Christian Meier）写道："历史中很少，也许从来没有哪一代人，像1933年至1945年的德国人那样，整个世代不仅受到恶评，甚至陷入耻辱的境地。我不清楚历史中是否有例外，即某个时代的历史并没有被该时代的大多数人所经历，然而全部被打上了一样的印记。我们对这一时期的目光被当时所犯下的空前罪行最大限度地吸引和强占。所有的作为和不作为，所有这一时期的生活都以一种必然的方式暴露在照耀那些罪行的苍白灯光下。"（迈耶/Meier，2001：30）

　　媒体运动关注的另一方面是世代的交替，很长一段时间，世代交替，是以道德规范和观念塑造的方式展现社会中的超我。在这些事件中，人们终于第一次例外地没有用双眼去看，而是用某种视角在观察自己，这一视角被一些人在某种程度上认为是被解放的距离。更重要的是：这一辩论也围绕着对"四五年代"自我形象和记忆中的盲点迟来的填补展开。他们的人生成就和公众影响也同样建立在他们对自身过去历史的坚决摒弃上，而现在，他们在生命的终点，又在弥补这一段过去的历史。这里涉及的并不仅仅是这些（不）情愿的证人们的罪责或者清白，更多的是对个人生平的否定或者对历史的认可。对于之后出生的人这也是一样。对于他们来说，认可历史意味着战胜他们的道德自负感并且愿意审视自身的黑白历史照。

谢尔斯基的"怀疑的一代"肖像

在其生命的尽头进入人们视野的"四五年代"，赫尔穆特·谢尔斯基早在 20 世纪 50 年代后期就从其开端进行了刻画。他当时关注的仅仅是他们的青年时代；而且研究的副标题也相当大而化之："德国青年社会学"，尽管他所涉及的仅仅是西德而且是 1945 年至 1955 年这 10 年（谢尔斯基/Schelsky，1963）。①40 多年之后，我再次回到这一研究，我认为，从中我们大概能够为普遍的代际研究特别是关于他所描写的那一代人的研究获得一些重要信息。对于现代化理论的重要奠基者谢尔斯基来说，代际研究与青年研究具有同样重要的意义。②直到现代主义出现，青年才被视为是一个独立的人生阶段，它不仅是一个意义重大的生理和心理阶段，同时也是社会和文化阶段。在这一观点下，每个青年人都对世界秩序和社会或多或少提出疑问。只是谢尔斯基将对这一代人历史印迹的研究置于相当边缘的位置；他描述的是"在战争和战后时期所经历的自身的家庭困境和危机，如逃亡、轰炸、社会地位的剥夺、财产遗失、容身困难、受教

---

① 谢尔斯基在这本书里没有描写他自己这一代；他本人生于 1912 年。

② 1906 年的表现主义（"桥社"画家）艺术家运动在他们的计划里将"青年""一代人"和"艺术家运动"示范性地等同起来："带着……对新一代创造者和享乐者的信赖，我们召集起所有的年轻人。作为承载着未来的年轻人，我们希望消除贫困，创造生活自由来对抗习以为常的旧势力。"引自科尔谢纳（Holzschnitt von E. L. Kirchner）2007 年 7 月于维也纳阿尔柏蒂娜博物馆的桥社展。

育阻碍或甚至是失去双亲或父母一方"。[①]然而这些历史经历对于社会学家谢尔斯基来说没有再多的意义了；他感兴趣的仅仅是这一代人在现代化进程中所扮演的社会变革的载体的角色，简而言之，就是作为"进步的头阵部队"（谢尔斯基/Schelsky，1963：50）。这里特别重要的是这一代人以他们的"能动性，他们强大的活力和社会流动性"与工业社会相适应（谢尔斯基/Schelsky，1963：38）。谢尔斯基所认为的这一代人必须承受和应对的断裂，出乎意料地并不是指1945年这一断裂，而是指同近代工业社会的断裂；因职业的全能化、消费压力和组织压力，这一近代工业社会所要求的统一化与个人主义之间出现了全新的思考样式和行为方式。

依据卡尔·曼海姆的理论，谢尔斯基的研究建立在这样一个设想上，即由于生物、社会和历史的因素，每一代人能够从时代的潮流中抽离出来，并呈现出一个相对一致的形象（谢尔斯基/Schelsky，1963：8），这一形象产生于占主导地位的行为模式（谢尔斯基/Schelsky，1963：12）。他也提到"行为形象的统一"（谢尔斯基/Schelsky，1963：58），"最内在的行为准则"（谢尔斯基/Schelsky，1963：371）和"一代人的性格"，这可能是他从所有的差异和实际的多样性中分析出来的。在与20世纪的另外两代青年人进行比较中，他塑造出了"怀疑的一代"这一形象：这两代人就是他所说的"青年运动一代"和"政治青年一代"。

谢尔斯基的青年运动这代人抛弃了20世纪初期充满谎言、造作和庸俗的成年人的资产阶级世界——而转向以徒步、颂歌和浪漫篝火

---

① 他旁敲侧击地提到"对整整年轻的一代烙下深深印迹的战后时期的社会窘境"，并且谈到作为影响文化环境因素的"占领国的政治启蒙，宣传和再教育"。谢尔斯基为突出社会因素而竭力淡化生平和历史因素这一点，在他撇开第一次世界大战描述"青年运动的一代"时显得特别突出。

为形式的大自然和自然主义，不过他们仍受益于资产阶级的财富和第二帝国的安稳。紧随其后的政治青年一代则被烙下了第一次世界大战的惨败及其带来的政治不满和随后经济动荡的印迹。他们倾向于简单清晰的目标，并且通过意识形态和英勇的榜样来满足他们对稳定和秩序的追求。从这一崇尚权威的思想观点出发，他们发展了与技术、制度和官僚掌控的群众组织之间的良性关系。在这个由谢尔斯基建立的自世纪之交以来三代人的顺序中，怀疑的一代表现出的正是对上一代人的逆转：它"被认为是对政治青年一代形象的瓦解和破坏"（谢尔斯基/Schelsky，1963：74）。这一代人具有主导意义的特征是"去政治化和去意识形态化"、对政治上的认同意愿和意识形态活动的极端否定。谢尔斯基认为，这一代人的知识分子形象表现在"以词藻，或者是任何语言伪装自己的深层畏惧"，以及对"幻想、意识形态和……有利于务实主义的先入为主的认识"的反抗。（谢尔斯基/Schelsky，1963：78）

谢尔斯基以对这代人进一步发展的大胆展望结束了他的研究。因为深深根植于这代人意识中的不仅仅是"社会系统和秩序的塌陷与毁灭"，还有"成年人的疏忽、缺陷和失败"；所以比起之前所有的青年，他们"更带批判性，更有怀疑精神，更加不轻信，更为无信仰或者至少不那么异想天开"。这一精神上的领悟被他们"自由地变成对于年轻人来说并不寻常的生活智慧"。"怀疑的一代"在个人和社会行为中"比之前任意一代青年人适应性更强、更加务实、更具行动力并且对成功更有把握。他们掌控了平庸的生活，而人类正是置身其中；对这一点他们很自豪"。他强调，人们绝不能对他们抱有一点期望，也就是"这一代人绝对不会变得具有革命性，不会在炙热的集体热情中对事物做出判断。他们内心秉持着的是促进精英团体或者是实现秩序原则的需求"。（谢尔斯基/Schelsky，1963：381）

关于"怀疑的一代"和"六八年代"的衔接

在对过去的回望中,我们能够为"四五年代"证明,他们已经完全履行了该世代所设定的目标:他们长效地促进了精英团体发展(例如比勒菲尔德大学的跨学科研究中心或者诗学和阐释学研究小组),他们实现了新的秩序原则(想想 40 年前拉尔夫·达亨多夫建立康斯坦茨改革大学的雄心壮志)。同时我们今天也知道了,在这一代人的轮廓中,"怀疑的一代"的形象是如何成为紧随其后的"六八年代"的对照。如果没有"四五年代"我们则完全无法理解"六八年代"。当"二战"期间被政治化的那一代人成为了"六八年代"的直接斗争对象,"四五年代"与"六八年代"则以一种隐秘的既相互排斥又相互吸引的力量联系在一起。在这里值得特别强调的是"六八年代"与"四五年代"的三个重要区别:第一个区别是政治化。"四五年代"极力规避的政治化转移到受到强烈刺激的是"六八年代"身上。就像去政治化的、具有怀疑精神的"四五年代"的年轻人紧跟着被政治化的"三三年代"的年轻人,被政治化的"六八年代"紧跟着去政治化的怀疑的"四五年代"。当其中一代人从"激情、政纲和口号"(谢尔斯基)中解放出来,另一代人又投入其中。

第二个区别是青年阶段。"二战"中服预备役的炮兵帮手们没有真正意义上的青年阶段。正如格拉斯在他的作家自传中强调的,他的童年骤然止于第二次世界大战的爆发。失去的青春无法在 1945 年后的心理和物质崩溃中被拾回,相反,只有通过勤奋和上进心才能补回失去的生命时光。没有自主青年期的这一代人的特点是面对成为成年人的要求,不得不予以顺应。谢尔斯基还说:"这些青少年的行为方式与这一时期的成年人(的行为方式)其实没有什么区别。与成年人的社会行为相比，这一青年行为从深层次来看没有社会学上的区别性特点；然而正是这一问题成为了当代青年的显著标志。"因此他又称他们是"成年的青年"或者"被适应的青年"（谢尔斯基/Schelsky，1963：77）。相反，"六八年代"的青年却以一种深刻的方式表现自己；他们花了如此长的时间，表现得如此彻底，似乎他们就是无法融入成年人的状态。他们不断将年轻人的重要风格特点占为己有，而剥夺了之后几代人的重要资源。

与之相关的第三个区别，是与历史断裂的关系。"怀疑的一代"的形象完全由1945年这一断层决定。这一断层贯穿了他们的一生，它影响了他们的生活方式并且决定了他们的精神态度，却恰恰没有明确地成为他们的生活主题。对于"六八年代"来说却不是这样，战争后从政治旗帜中消失的国家社会主义钻进了个人空间，并且以各种不同的方式延续在个人和家庭中：被压抑的经历或者被隐藏的秘密，又或者是麻木不仁的态度和精神上的伤害。尽管国家社会主义已经在历史上和政治上被打败，但对于被政治化的一代人的孩子们来说它的经验却触手可及。他们的反抗同样表现在，将这一在极大程度上隐性的"只能发牢骚的沉默"转变成为显性的，而且是一种反抗和对抗的语言。

这里需要指出的关键一点是：正是"怀疑的一代"所缺乏的愤怒激发了1968年的愤怒。谢尔斯基自己并没有提到"缺乏的愤怒"（斯洛特代克/Sloterdijk，2006），而只是提及"怀疑的一代""宽容"的特点。他接下来所描述的"四五年代"的性格特别值得深思："如果宽容指的是将自我和他人的缺陷看作一种前提并且对其容忍，那他们就是宽容的。"（谢尔斯基/Schelsky，1963：381）这句话特别值得强调。谢尔斯基用的是"缺陷"一词，在其他地方也被称为"困窘"和"威胁"，却从来没有人提出过"罪责"和"纠结"。诸如"罪责"

和"耻辱"这样的道德关键词是当时政客和他们官场文章的热门词汇,却无论如何还不是学术主题的对象,更不用说社会的自我认识。如谢尔斯基敏锐指出的那样,这一代人的宽容建立在"自我和他人缺陷"相重叠的基础上。因为这一代人,尽管当时他们还是孩子或者青少年,已经参与了国家社会主义的活动,并且很大程度上从内心共同经历了这一时期,因此他们无法立刻化身为对其父辈的批评者和控诉者。他们深深纠缠于与政治一代的关系中,急于在1945年所有的作品中宣布与其脱离关系,却并没有对他们进行明确的控诉和质问;因为如果这样的话,他们必须一同控诉和质问自己。他们公开反抗的时刻在与"六八年代"的联盟中姗姗来迟。

在所有方面,"六八年代"与"四五年代"的表现都不相同;紧随着"成年的"和"被适应的"一代的下一代人,培养出了一种革命的青年习性,并且态度鲜明地与他们的父亲(在很小的范围内也与他们的母亲)表示决裂,他们以此标榜了从战后第一代到第二代的深刻转变。不过"四五年代"和"六八年代"之间这一下意识的对立绝对没有阻止这两代人将他们的目标和计划也结合在一起。建立在同一代人基础上的极其不同的态度和定位是有可能的。正是"四五年代"中的那些精英分子为60年代后期的政治反抗打下了基础且参与其中(如恩岑斯伯格,瓦尔泽,格拉斯);"六八年代"的另一项伟大计划,即建立一种对国家社会主义和大屠杀进行记忆的文化,实际上也是由"四五年代"共同组织起来的(再如里夏德·冯·魏茨泽克)。(1985年8月5日的演讲,或者一年后于尔根·哈贝马斯和克里斯蒂安·迈耶参与史学家争论的文章)。(译注:里夏德·冯·魏茨泽克,Richard von Weizsäcker,德国政治家,德国基督教民主联盟成员,1984年至1994年担任德国联邦总统,而他亦于1990年成为两德统一后的首任总统。)

"战争"一代的告别：公众的历史课

> 爱惜名誉的人，不管是谁，宁愿扔掉良心，也不愿失去
> 名誉。
>
> ——蒙田

"四五年代"于是成为了"六八年代"与其父辈之间非常重要且意义深刻的历史的中间一代。参与了国家社会主义的社会化并且在战争的最后阶段作为炮兵帮手上阵的他们，对于纳粹国家的磅礴伟业来说还太年轻。于是他们从历史责任这一难题中得以开脱。这些年轻人，即便他们是像格拉斯一样自愿并且带着极大的热情地被赋予了国家社会主义目标的重任，也谈不上是"凶手"。由于他们仍年轻，战后他们有更多的机会可以说是再一次从头开始他们的生活，他们当中的不少人确实利用了这一机会并且从一开始就坚决拥护民主化和向西方世界靠拢的价值取向。所以这一代人的代表们成为新的联邦德国的道德典范，成为新的艺术（格拉斯、恩岑斯伯格）和科学（哈贝马斯、韦勒）的杰出代表。

通过几代人的生物性共存一个社会的当下因为过去不断变得更加丰富；他们的共同存在形成了"非共时的共时性"。最年长的拥有最长久的记忆，并因此拥有一条直接通往过去的历史时间线，而对年轻人来说，这一过去已成形于教科书，在小说中被改写或者被媒体化为电影了。时代见证人是"正在消亡的少数集体"（格拉斯/Grass，2006：185）。那些在纳粹党国身负重任并且积极参与战争的人，正属于今天这一锐减的少数群体。我称他们为"三三年代"，因为他们大概是在这一时期进入有意识的成年生活和工作生活的。不

过这一代人无法算作时代见证者,因为这本该是以自我批评式的距离产生作为前提。他们大多数很少对公众或者他们的孩子讲述他们1945 年以前的生活。他们属于典型的承受"德国式根源缺陷"的一代,克里斯蒂安·迈耶将其理解为"与过去的正常联系的障碍,这一障碍的出现源自战争中的一代人对他们生平的一些部分大多保持沉默"(迈耶/Meier, 2001:133)。

同样属于这一代人的大屠杀受害者则并非如此。正因为他们具有 "道德证人"(阿维莎·玛格丽特/Avishai Margalit)的牢固地位,所以人们非常有意地通过对书面和影像的见证进行存档,来为他们将来的不在场做好准备。一方面人们听到受害者记忆的各种声音,另一方面则是持续沉默的蔓延。1999 年有意识地经历过纳粹时代的人数在 8200 万居民总数中仅占 500 万。(莫勒/Möller, 2001:10;克尔斯图克/Kohlstruck, 1997) 如今这一数字正在骤减。最年长一代的逝去通常是悄无声息且难以察觉的;人们在墓地、在私密的家庭成员之间向逝者告别,而公众却对此没有察觉。①

但并不是所有人都是这么安静地离开的。当下我们也正经历与这一代人中最后一批杰出代表人物的告别,他们的离世再次引起公众们的片刻关注。他们当中的一些人创造了对丑闻事件回忆的契机。2007 年 6 月我在维也纳写下这一段文字,这正是生于 1918 年的库尔特·瓦尔德海姆 (Kurt Waldheim) 6 月 14 日辞世的地方。瓦尔德海姆 1972 年至 1981 年任联合国秘书长,并于 1986 年参与奥地利联邦总统竞选。在竞选过程中他生平中隐秘的部分被公之于众:他

---

① 他们当中正在离开的极小一部分是最后一批供认罪行的老纳粹分子,他们的遗物都流失到二手市场上了;更加危险的是,另一部分人将他们的遗产留给了新纳粹组织。在这些遗嘱中隐藏着一些非常危险的遗愿,德尔门霍斯特城就是这样一个例子。它的居民们当时极力反对一些重要建筑物被收购,为的是将它们改造成德国国家民主党(NDP)的培训中心。

曾是纳粹党成员并且加入了纳粹党某突击冲锋队,"二战"中他参与了巴尔干半岛打击游击队的任务。尽管如此他还是赢得了竞选并且获得了奥地利国家最高权力的六年任期。伴随这几年的不仅是奥地利在国际上的形象大失,也是坚定地对过去进行整理的开端。瓦尔德海姆事件引发了整个社会的全面辩论,这一辩论始于政界,深入家庭,止于尘封的禁忌。今天的历史学者们称之为奥地利历史的"后瓦尔德海姆"时期。二十年后瓦尔德海姆的离世不仅再次激起了反对者和拥护者的声音,他本人也以"最后一句话"告别了历史。在这段很有可能是临终遗言的话中,他说:"我是作为一代人最后成员中的一员离开的,这代人的生活轨迹经历了由战争到和平、由独裁到自由、由贫穷到富裕的转变。"他将关于自己人生的评判留给了上帝和史书。不过他在遗言中对后世提出了"迟来的和解"的请求。在这一点上他坦白道:"是的,我也犯下过错误——所幸的是,我有足够的时间不断对这些错误进行反思。但这些罪过肯定不全是一个罪恶政权的帮凶和同谋。"他承认,对过去罪行的回忆被日常政治"牵制"和"遮蔽"太长时间了。他认为"迟迟未对过往进行处理"的原因之一很大程度上在于,在其职业生涯中他过分忙于处理奥地利和欧洲以外的事务。他提到的另一个原因则更加深刻:历史政治的框架条件完全不允许对历史纠葛和罪行进行回忆。奥地利的"国家利益至上原则"是不容许他在对历史的整理中成为"希特勒首当其冲的牺牲品"的,对此,战后年轻的外交官们都一样曾立下过誓言。个人回忆只有在政治和社会做出让步的情况下才有可能被拿到公众场合来讨论。

不久前德国也出现了另外一堂公众历史课。2007 年 4 月巴登符腾堡州前州长汉斯·费尔秉格(Hans Filbinger,生于 1913 年)辞世。尽管与奥地利有着明显的区别——在联邦德国不存在免责历史罪的国家利益至上的一致原则——这两个情况具有十分典型的相似性。费尔秉格于 1958 年进入斯图加特地方政府，1966 年成为联邦州州长，1978 年因不堪公众压力而引退。他下野的原因正是作家鲁尔夫·郝赫胡特（Rolf Hochhuth）的指证，即战争期间费尔秉格曾在挪威担任海军法官，并且直到战争结束前不久还在签署逃兵死刑判决书。费尔秉格对于这些指责和呈堂证供反驳道："当时的合理合法行为在今天看来可能是不合法理的。"此外他还为自己标榜一种"反纳粹精神"，这也是为什么针对他的政治评论家们证明他患有"病态的良知"。费尔秉格事件中令人惊异的并不是这一代人典型的问心无愧又记忆糟糕的回避行为和辩解形象。令人惊讶的是之后一代人的代表人物们恰恰是对这样一种态度表示完全接受。以其亲友悼词为契机，费尔秉格的官方继任者君特·欧亭尔（Günter Oettinger）不仅肯定了逝者重建西德的功勋，并且将前任州长从那些质疑声中解救出来，还赞赏他是反抗国家社会主义的勇士。

　　他对众人说："他是德国近百年历史的见证者！今日我们满怀敬意回顾这位亲历百年沉浮的人的一生。与其他悼词不同，我只想确认一点：汉斯·费尔秉格不是纳粹。相反，他是纳粹政权的反对者。只是与上百万其他人一样，他也难逃强权的压迫。"

　　接下来是欧亭尔为费尔秉格量身定制的完美生平履历，正如今天的德国基督教民主联盟（CDU）政客所期望的："在魏玛共和国时期他就已确信，只有当德国民众重新思考基督教资产阶级文化，左右派的极权主义才能被阻止和战胜。他从魏玛时期得出经验，只有当公民被引导向国家法制意识和人道主义价值，并且当他们信任自由的市场和社会秩序，这才算成功的民主。"

　　他的致辞是绝佳的历史范例。典范与事实，理想的映像与历史的经历，在欧亭尔的发言中相距甚远。绿党发言人自问，"对德国历史秉承如此态度的人怎么能够当一个联邦州的州长"。基督教民主联盟的回答是："这只是面向亲友的悼词，不是历史研讨课。"然而正是借此契机，这一发言成为一堂公众历史课。因为这一粉饰行为引发了媒体对费尔秉格事件的再次探讨。这一事件对与战争一代的告别和对"记忆中的历史"的提问意义重大。州长恪守的正是"爷爷不是纳粹"这一程式，这是社会心理学家哈霍尔德·维尔茨（Harald Welzer）与他的工作小组在不同的采访中得出的结论。子辈和孙辈们并不想了解他们祖父之间的纠葛，于是根据我们当下的历史观标准将他们塑造成积极的榜样。正是由于从纳粹帝国到民主宪法的价值观转变得如此深入且全面，后辈们越来越缺乏一种面对他们亲属"棕色"生平中的历史事实（这曾经是一种常规现象！）的能力。"没有什么是不能发生的"，这可概括为年轻人中新出现的对历史的无知论。历史启蒙和历史教育的那几年并非对他们没有留下任何痕迹。相反，这一类似出于本能的强迫性掩饰行为正是由广传于国际社会并且在德国已经被内化的国家社会主义的极端独裁形象引起的。以犹太受害者的视角（这也是有必要的）来观察德国的历史，我们是无法将亲近的家人和朋友与这段可怕的时期联系起来的。我们对历史了解得越多，知识和情感之间的鸿沟就越深。

"六八年代"的告别：一代人的身份和时代剧变

关于"时代"的种种言说也可以套在世代身份上。通过从时间流动的连续中抽出，时代作为与其他时期相区别的标记，其内部的时期却是同质化的。时代的产生一方面过度夸大与其他时代的差异，另一方面则对自身内部的差异加以匀质化。尼可拉斯·卢曼认为时代概念的新颖价值被普遍"夸大"了，并且认为其作用在于对历史复杂性的简化（卢曼／Luhmann，1985）。就像在十分细致的观察下无法清晰地对时代进行划分，一代人的身份任何时候都可以用实证论据来否定。因此，谁若批判一代人的身份是虚构的，那他显然没有认识到一代人的创造和象征能力。"历史的一代代人并非由出生决定，他们是被制造出来的。他们是人们用来创造一个社会概念并且试图改变社会的工具。"历史学家罗伯特·沃尔这样写道（沃尔／Wohl，1980:5）。因此，我们今天对卢曼的观点有着越来越浓厚的兴趣在于，"这些表达并且超越表达差异经历的自我描述，作为事实以何种程度进入到历史长河中，并且在其中进一步发生作用"。因为一代代人和一个个时代一样都是"交流过程中的强化效果"（卢曼／Luhmann，1985:26）。世代的一部分是事后以回顾形式，通过将人生的各种经验模式一体化而形成的，另一部分则通过一个计划甚至一项使命而被结合在一起的。对一代人的鉴别不仅仅是一个描述性的过程，它向来也是一个在他人评价和自我构建这一对立关系中的集体的自我认识问题。在这个意义上，代际话语是一种表演性的话语；作为集体生平身份研究的媒介，它同时也创造出了它所描述的对象。

对时代的构建毕竟缓和了社会、精神和政治层面的紧张关系，因而有益于构成一个统一的社会环境，它也将时间发展的洪流同样局限在一个"标准形象"中，而代际话语正是将这一时代的统一性变得清晰并且建立了最基本的同时代的非共时性。这里关键的问题是一代人对全体社会的阐释权力的要求。这一阐释的权力是否能付诸实践并且被接受，它能够持续多少时间，都与一个社会的精神文化氛围和历史变革相关。因此时代的重大转折也是通过一代代人的交替以及一个阐释模式为另一个所瓦解而实现的。

并不是每一代人都满足于将他们在历史舞台的出场和谢幕标记

为一个历史的转折。"六八年代"与 20 世纪其他所有几代人不同的地方就在于，他们的身份并不依赖于将特定历史作为前提条件（如"一战"或"二战"），他们自身就是划分一个历史时代的转折。1968 年并非事后才成为转折事件，这一转折是由内部的运动而强行实现的——不仅仅在德国，还包括整个欧洲并且跨越了其他大陆。这一划时代的突破以大学宣讲会、当街游行、流行音乐会的形式实现，并且在与其相伴的一种话语中，人们（再三地与"四五年代"团结一致）宣布了既成事物和既成价值的终结。人们宣告如上帝、资产阶级世界、现代化、资产阶级美学、小说（莱斯利·菲德勒）、批评（瓦尔特·布里希）、艺术（汉斯·恩岑斯伯格）、作家（米歇尔·福柯、罗兰·巴特）的死亡。那些被宣判死亡的，从此被归入"历史而不再是当下"（菲德勒/Fiedler，1968：13）。以弃用适行规则和宣判某事无效，人们将其托付给遗忘或者历史；在这一展望未来的视角中，历史不应再占据当下的一席之地。历史，是收容那些由当代抛弃的传统、信念和价值的垃圾堆。这一对历史与当代、经验空间与预期视野的明确区分完全符合现代精神的时间体制，这一现代精神能动地将自身从过去中解放出来。

在现代时间体制中，每一代新人都表现出期望划定界限和更新换代的意愿，但是这一倾向从未像德国"六八年代"那样，遭遇如此特殊的历史条件。在这一代人中，出现的不仅仅是作为现代精神标识的断裂，它更多的是与国家社会主义的断裂。在这一点上历史和家族史是一致的。这些儿女向父亲们（以及在很罕见的情况下还有母亲们）提出挑战并将他们送上绞架。他们敲响警钟并且——联合"四五年代"的代表人物——撕下一个同流合污、在追求财富和名利中变得僵化的社会脸上的面具，还借助潜意识中存在的与国家社会主义之间的制度联系，揭露他们的"谎言"（这一时代的关键词）。

伴随着历史断裂的是文化记忆的戏剧性改写:那些当时被遗忘、被隐瞒、被压制的东西开始被唤起,而那些曾经存在于回忆中的——包括人文主义传统、传统教育、文化历史——却被遗忘了。回忆与遗忘同时存在于与过去的极端断裂中。这一转变的效果是,将当时占主导地位的"交流沉默"式社会环境变成了明确的、反抗的和对抗的语言。这一回忆议题所涉及的,是从那时开始并持续到现在的对国家社会主义罪行批评性的研究和阐明,以及对大屠杀的纪念文化。不过它也涉及以释放获得新生,以及对未来这一大计划的集体性自我授权。若我们接受"六八年代"的这一形象,那么有一点就很清楚,即为何当时在德意志民主共和国(DDR)不存在这样的一代人。那里既没有激烈的代际冲突,也没有历史转折的原因在于,民主德国的革命不是由下而是从上开始的。这一方式所要求的是与国家社会主义彻底决裂、将国家的院落扫净一空的正是国家自身。国家以革命的、推动未来的身份出现,从而夺去了青年们的角色(这也使得东德对部分西德的青年人来说极具吸引力)。①

大概四十年后,各种信号表明,属于"六八年代"的阐释权力的时代已经结束了。"纳粹父亲的那些超越道义的儿子们的时代过时了。"斯洛特代克如是说。我们之前谈论的卡尔·海因茨·波赫尔,他在2000年左右以"大屠杀情节"和"历史缩短"这两个关键词批判"六八年代"的回忆和遗忘的辩证关系。波赫尔谴责"六八年代"对罪责的狂热和对国家的遗忘。他援引了米切利希夫妇提出的一个模式来判定"六八年代"的心理倾向;着眼于他们与民族/国家的关

---

① 这并不意味着,在当时的联邦德国时期并不存在意义鲜明的一代人榜样。克里斯托弗·迪克曼(Christoph Dieckmann,生于1956年)在一篇名为《我这一代》的文章中写道:"那些在30岁以后经历告别民主德国、欢迎统一德国的人,是无法真正体会到那种快乐氛围的。"(迪克曼/Diekmann 1999,20)。参照Ahbe/Gries/Schüle(2006)。

系，他谈到"情感上的填补能量（Besetzung，精神分析用语）的衰退"，从中他发现了这一代人的特点，准确来说这一特点就是磨难。尽管他自己那一代中的不少代表人物赞同"六八年代"的价值，波赫尔还是详尽地对年轻的一代进行了批判。显然，代际话语是人们在争夺历史阐释权力时偏爱使用的工具。

对于战后时期意义深远的这一代人是如何退出历史舞台的呢？这一代人的历史意义也许可以从与他们告别所消耗的激烈程度和时间长度看出来。"六八年代"之后的重大历史转折并不表现在父辈与子辈之间的断裂，而是相互紧跟着的前后两代人之间的对抗："六八年代"和"七八年代"。第一波告别发生在1990年。日耳曼文学家托马斯·安茨（Thomas Anz）在一篇论文中详尽地研究了"时代转折修辞学"。正如20世纪60年代后期一样，人们再次大范围地为过去的时代开出死亡证明，这些证明都暗示对死亡的渴望。"七八年代"——我们之后还将提到——以1989年这一历史转折为契机来完成了与"六八年代"的告别，并将他们从有影响的社会阐释权中心移送到弹射座椅上。曾经长时间与"六八年代"保持同一战线的"七八年代"夺取了他们的使命，并在这时将自我身份定义为"反'六八年代'"和"后'六八年代'"。在文学作品中人们也将此描述为通过一代人的交替而实现的"战后时代的结束"。《时代周刊》1994年10月为法兰克福书展出版的增刊以"第二个零点"命名。伊丽丝·莱迪什（Iris Radisch）比较了"四五年代"的第一代战后文学、"六八年代"的第二批战后文学和"七八年代"的第三批战后文学，她的结论是："战后的第三代现在直接合上了历史的厚重书本。"这一代人文学的童年时代"看不到阴暗，看不到深刻，看不到细节，父亲和母亲以某种方式被抛弃了。世界历史对他们来说也所剩无几"。小说家们"不想挖掘什么，不想改进什么，不想揭露什么，不想拆穿任何人。

(他们)没有任何企图和观点"。这些第二个零点的年轻一代人"不想再写出具有时代意义的作品,而这正是他们的特点。正如人们看到的,他们在文学史的书本里翻开新的一章,没有负担,没有界限,没有义务——如此自由,就像艺术一直所期望却很少达到的那样"。(莱迪什/Radisch,1994)

90 年代开始的"六八年代"的告别仍在继续。海因茨·布达(Heinz Bude)在 1995 年创作的关于一代人的老去的作品正是从"七八年代"渴望摆脱这代人的一员的视角出发。"六八年代"已经自己完成了告别的一部分——以自我批评和叛变的形式。那些曾经热衷于倡导改变世界的人,变得后现代并且带着他们的抗议安逸地活在这世上。那些曾经遭到唾弃的——如资本主义、消费主义、随波逐流、大众文化、精英主义、安逸生活、市侩庸俗、主妇崇拜、非政治化和新民族主义,所有这些在转变后都可以变成新的标语。今天看来,标志"六八年代"结束的并不仅仅是"公众抨击",还有对那些原先因为政治化和道德教化而遭到排斥的事物不断升级的敏感性和兴趣。与这一氛围的转变相关的,不仅仅是像伊丽丝·莱迪什说的新的客观性,还有如波赫尔所说的价值和激情的回归。然而有一点必须明确的是,"六八年代"的告别留下了一个真空,这一真空能够被从保守价值、到肯定消费、再到全球资本主义的所有可能性所填补。重新整合已经缺失的批判动力,将不再是某一代人,而是那些有责任心的人们的共同任务。

年代手册:20 世纪中七代人的概览

家庭中几代人的间隔相对来说是比较有规律的,这是指子女们各自建立家庭、生儿育女所需的年月。根据这一规律,人们以 25 年到 30 年来定义两代人的间隔。按照这一计算方式，一百年中应该有生物学上的四代人。然而历史的一代代人却不遵从任何时间规律；他们从一些意义深远的、对个人的生活轨迹具有极其重大影响的历史事件中析出。(迈耶/Mayer, 1988 & 2001) 因此，对于 20 世纪我们能够整理出至少七代人，他们当中有的特点鲜明，有的则不然。在这一章的论述中我们已经对这些历史年代中的大多数有过了解："四五年代"，"六八年代"，被我定义为"三三年代"的"二战"中的一代，以及处于边缘位置的"七八年代"和被谢尔斯基称为"青年运动"同时也是"一战"中的一代。接下来我将——结合谢尔斯基的研究以及新的历史成果——对这些分散的研究做一个总结，并在这一基础上尝试对 20 世纪（联邦）德国最重要的几代人的身份做一个概览。作为参照的年份数字并非严格符合时间顺序，而只是象征意义上的。可能给人造成混乱印象的是，有几代人的时间跨度可能超过了二十年，而另外几代人却只经历了几年。历史本身以两次超越社会和地区界限的世界战争给出了原因，它们将所有的社会男性成员根据年龄分层。普通义务兵役制从生物性上来看当然也对妇女和儿童有影响，特别是当战争从前线逐渐波及到一般平民。接下来的概览可被视为实用的方向性工具；它的意义只有在分析代际具有紧张的力学关系时，才具有启发性。它被作为一种思想状态研究的工具，这一研究探询的正是生活历史经验和思想指向之间的关系，并且以通过集体的界定机制而进行的身份构建作为其兴趣点。

(1) "一四年代"（"一战"的一代，谢尔斯基称为"青年运动一代"）生于德意志第二帝国的 1880 年至 1895 年间，参与了德意志第二帝国的社会活动。这一代人同时也是一次强烈的青年运动的支持者，他们借助尼采、生活改革和浪漫主义的运动逐步将自己从狭小的资产阶级生活空间中解放出来，树立了如"个人的（或是民族共

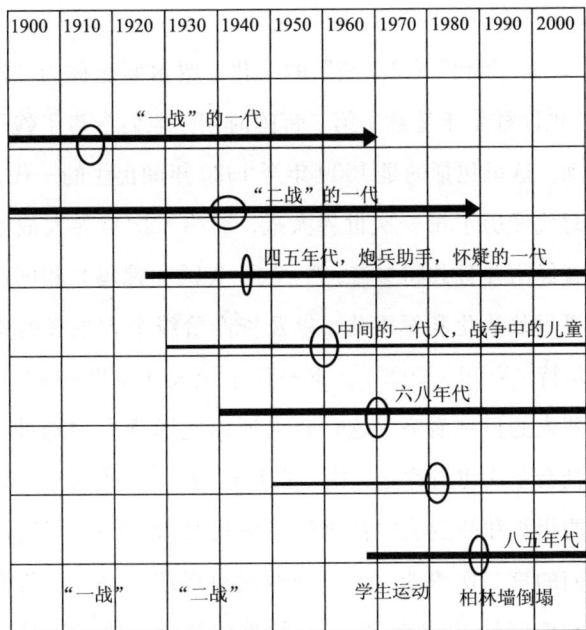

对 20 世纪中七代人的概览

同体的)统一、朴素、真实和绝对"的价值观,并将无条件的团结和奉献作为生活的中心(谢尔斯基/Schelsky 1963,54)。由于,或者尽管他们的浪漫主义倾向和过高的理想主义,青年运动本质上是一次解放运动,它尝试了新的生活方式,它的神话和愿景成为其后各种运动的精神食粮。[1]1918 年的战败是这一代人的关键事件。在那些无法从战争的失败中解脱出来并因此转而想抓住魏玛共和国这个契机的人那里,这一战争经验推动了专制态度的形成,并决定性地酝酿了他们对国家社会主义和第二次世界大战的积极想法。满怀"重建陷落的帝国"的欲望,这一代人与他们的后来者联合在了一起。(凯

---

[1] 关于"一四年代"的研究有:沃尔/Wohl(1980);赫尔伯特/Herbert(1996);霍诺尔德/Honold(2005)。

44   *

斯泰纳／Kittsteiner，2005:216)

（2）"三三年代"（"二战"的一代，谢尔斯基称为"被政治化的青年"）也同样生于德意志第二帝国时期，他们参与了魏玛共和国的社会活动。这里包括的是 1900 年至 1920 年间出生的一代人。他们仅在孩童时代经历了第一次世界大战，而第二次世界大战他们则是从一开始就经历并且共同参与。"一战"失败和魏玛共和国危机导致的直接后果是政治化和军事化，以及资产阶级个人主义的价值急剧减弱（维尔特／Wildt，2002）。下一代年轻人（1920—1925）的价值观向老一辈人的目标看齐，这一点之所以能够强有力地被实现，是因为国家社会主义也自称是一次"青年运动"①。然而这一青年运动很快在联盟组织和防卫队中被进行军事化改造。1945 年后这一代人迎来了他们的第二次事业。他们身兼政府要职和高位，负责确保组织中人事的连续性并营造 50 年代的重建氛围。他们正是"六八年代"的父辈。

（3）"四五年代"（谢尔斯基称为"怀疑的一代"，也被称为"炮兵助手一代"）出生于魏玛共和国时期的 1926 年至 1929 年间，在国家社会主义时期作为青少年在希特勒青年团、纳波拉学校（译注：国家政治教育机构，纳粹德国的寄宿中学）并在战争中作为炮兵助手被社会化。（摩西斯/Moeses，2000）正如我们在格拉斯的例子中看到的，他们直到战争后期都被搁置在后方，只是到战争最后的几年或者几个月才被征上战场。曾经是炮兵助手的鲁尔夫·施尔肯认为，战争的失败影响了这一代人的经历。不过战争的结束也给这一代人

---

① 自诩为青年运动的国家社会主义期望达到一种潜在性的反抗，他们通过使自己与父辈关系的陌生化，将他们引向一种新的共同体形式。他们甘愿离开狭隘的家庭联合，加入更加伟大和优秀的民族共同体大家庭。在彼得·赫特林（Peter Härtling，1980）和君特·格拉斯（2006）等作家的自传作品中，作者们详细地描述了这一模式是如何渗透入他们的意识中的。

提供了彻底重新开始的机会；只要能在心理和生理上幸存下来，他们就有机会在 1945 年重新开始他们的生活，从而建立自己新的身份。他们中有一些负有道义感的人，像格拉斯和哈贝马斯一样，他们以国家社会主义的消极经历作为规范，长期引导自己的生活，将过去作为他们艺术创作的对象并对之后的记忆文化产生深刻影响；有根本意义上持怀疑态度的人，他们全然无视道德、严肃、判决的要求，寄希望于一种不确定性和模糊性（如沃尔夫冈·伊萨尔；参见阿斯曼/Assmann，1997）或者是系统的相对主义（如尼可拉斯·卢曼或者是海尔姆·斯蒂尔林）；有政治主义者（如瓦尔泽和恩岑斯伯格），他们与"六八年代"团结一致，最先在共产主义中寻找治愈良方；还有民族主义者，他们对过去的国家产生了一种怀念的情绪（波赫尔属于其中之一，瓦尔泽自 80 年代以来也是其信奉者）。

　　（4）战争中的儿童（生于 1930 年至 1945 年间）是中间的一代人，他们的早期经历被烙下了送往乡村①、炮声轰鸣的夜晚、逃亡和被驱赶以及失去父亲的印迹。他们经历了各种各样的创伤，在 80 年代和 90 年代成为围绕回忆活动的新艺术形式的先锋，如迪特·福尔特（Dieter Forte）、瓦尔特·肯博斯基（Walter Kempowski）。令人惊讶的是，他们现在才并且非常缓慢地（与相应的"六八年代"）成为被解读和历史研究的对象（参照博得/Bode，2004 & 2006；斯塔戈特/Stargardt，2005）。他们的才华成熟期在 50 年代，也就是他们，如亚历山大·克鲁格（Alexander Kluge）和奥斯卡·内哥特（Oskar Negt），在政治上对民主德国的重整军备和原子弹危机做出回应。他们是"六八年代"的大哥哥大姐姐；他们当中的许多人成为不合作的

———

① 这里我要感谢我在埃森的两位听众，克虏伯和西普尔（Krüger&Sippel），他们赠予我他们关于"送儿童下乡"KLV 的书籍。

知识分子。

(5)"六八年代"成长于战争中或战争后，他们出生在 1940 年至 1950 年之间。这一代人的社会化不尽相同：一部分人在很长一段和平时代中经历了民主的"再教育"计划，而另一部分恰恰是成长于"缺失"这种民主再教育的家庭教育中。这一两难境况的后果是针对其父母及其所代表的社会的反叛；父辈们 1933 年没有做出的抵抗，在时光推移了 35 年后补偿在他们子辈身上。他们回避其父母亲的受害者意识，将自己等同于纳粹主义的犹太受害者，这一点也体现在给他们的孩子命名上。他们当中最激进的，认为国家社会主义和联邦共和国的民主之间没有区别，在"弥补的反抗"行动中，他们尝试以暴力攻击这一民主。斯洛特代克在一次采访中对这一代（也是他自己这一代）进行了如下简短的描述："在 1967 年至 1977 年的巴德-梅因霍夫危机中（译注：Baader-Meinhof-Krise，红军派 RAF，德国极左恐怖组织），我们扮演了人民阵线的角色，英勇地阻止了希特勒的东山再起。无论如何，人们自有一本剧本，即便它已经滑落了半个世纪。"（马图塞克/Matussek，2006：204）这一代人的多样身份从红军派恐怖分子跨越到一次深刻的、国际性的现代化进程和性解放的实践者和获益者。直到现在，当这一代人已经到了祖父母的年龄，他们中的许多人才意识到，自己也是"战争中的儿童"。"六八年代"这一统一化的形象直到对历史进行回顾才显露出来。在时间长河中，差异被淡化，紧张关系被忘却；结果是，成为还原为一些特定高潮的凝缩物——"集体历史参与者"世代人的虚构。

(6)"七八年代"又是一代中间人，他们作为"小弟小妹们"（摩尔/Mohr，1992）跟随着"六八年代"。这一代人出生在 1950 年至 1960 年间。在一开始紧紧追随"六八年代"的脚步之后，他们中的很多人后来与"哥哥姐姐"们划清界限，一部分甚至以犀利的笔伐与他们撇清关系。从与"六八年代"的划清界限中他们形成了用以标明自己立场的最重要的潜在区别,他们的立场部分表现在对道德卫士式思维方式的抛弃,而转向于实用主义或新保守主义的思维方式(斯蒂芬·瓦克维茨、马蒂亚斯·马图塞克)。这一代人的特点在于,不得不将自己塑造成与"六八年代"(以及作为早期"六八年代"的自己)而不是与父辈针锋相对的形象。根据不同的性情,这一转向以自我批评式的"改头换面"或者以愤怒的悔过形式实现。然而他们在这一过程中经常忘记或者忽视的革新:即国际化、现代化、性解放、父权制的结束以及新的性别角色及生活构想的开始,却正是归功于"六八年代",也是在这一基础上他们才得以继续拓展。受益者通常对前人不存感激;对前人的阻碍却看得特别清楚──这也是带有视角性的、一代人对另一代人因激情和盲点而不断被打断的眼光的特点。

(7)"八五年代"包括了大概自 1965 年至 1980 年出生的这一代人。这一代今天 30 岁左右的人成长的世界充满着接踵而至的技术革新和全球挑战。数字化、基因科技、艾滋病、环境威胁与环境灾害、全球化和恐怖主义对他们影响深刻。作为"六八年代"的孩子,他们是"免于战争苦难成长起来的"的一代(舒乐/Schüle, 2006:28)。在依旧富足的 80 年代经历过社会化之后,他们今天感受特别深刻的是从社会福利国家到"哈茨四政策"(译注:Hartz IV,施罗德执政时期出台的一项社会救助政策,为正在寻找工作的人设立的最低社会保障,这保障比之前的福利制度小多了)的经济转变。通过与"六八年代"在价值观以及他们所成长的社会环境保持疏离,"八五年代"对自己进行定义。不过,在这样的疏离中,"八五年代"的人(不像"七八年代")表现得更为冷静并且不再带有愤怒的气焰:他们信奉至上的享乐主义和以自我为中心的冷漠态度,而非道德主义和忧郁情结。

我们再来看看到目前为止的最后一代人。我赞成他们中生于 1970 年的克里斯蒂安·舒乐 (Christian Schüle) 提出的"集体的自我肖像"这一说法。[1]这里非常明显的是，20 世纪这最后一代人的自我描述同样还是来自对"六八年代"关系的脱离。舒乐将后现代的开端追溯到"八五年代"，也就是"来自'六八年代'所具有的批判性的、瓦解式的探究压力"削弱的时期（舒乐/Schüle，2006：22）。[2]然而"八五年代"已经不再反抗他们"六八年代"的父母亲，因为即便是反抗父辈也已经不流行了。舒乐所描绘的他自己那一代是与消费社会相适应的："人们不再依赖思想，人们依赖的是商品。"（舒乐/Schüle，2006：18）他定义这一代人是后工业化、后历史、后道德、后形而上的（舒乐/Schüle，2006：23）。同时他们也是新保守主义的代言人，他们重新回归家庭和资产阶级的生活方式，不过却并不将此与信奉传统价值观联系在一起。在回归传统和修养、礼俗和人与人的距离这一点上，他们关注更多的是行为方式和风格的问题，而不是价值。他们通常以个性来回应他们这一代人所表现出的不知所措："他们培养的是外在。"（舒乐/Schüle，2006：150）

舒乐列举了许多使得这一代人成为"意识集体"的因素。"他们成熟于电子时代"，他们看问题和接受问题的习惯从一开始就与媒体和虚拟世界联系在一起。"八五年代"人的历史关键经历是艾滋病、

---

[1] 舒乐详尽地驳斥了一种"贬值的代际话语"，即宣布每两年为一代人。所以他用 Kohorte（译注：原指 500 至 600 人的古罗马步兵队）一词代替 Generation。对于他来说，Kohorte 是社会学家卡尔·曼海姆在 20 世纪 20 年代末用来描述一代人的状况的词语，正如在历史长河中被标记的一级。

[2] 1985 年标志的不仅是后现代的开端，而且是一种新的记忆文化的开端。发生在 1985 年的是彼比特堡事件和魏茨泽克的发言；而 1986 年开始了历史学家们的争论，这一争论成为触发记忆文化和历史政治措施的前提条件，这也巩固了"六八年代"的阐释权。

切尔诺贝利事件、戈尔巴乔夫的改革和柏林墙的倒塌。然而人们并没有将其作为重大、统一的事件进行处理。在一个充满各种事件可能性并且这些事件相互竞争的世界里，跨越国界的这一代人认为自己是"德国第一个体验和上演多元主义的集体"（舒乐/Schüle，2006：30）。他们不仅以自己冷静的实践主义区别"六八年代"的激愤，而且还以此区别"七八年代"企图摆脱这一激愤的激愤。仇恨与他们无关——这并不仅仅因为他们有涵养，还因为他们太冷漠。

舒乐也谈到了"八五年代"与德国历史的关系。如他所证实，占据其中学时代的"是一股对希特勒刨根问底的热情，这一热情压制了其他重要的、对教学和教育来说不可或缺的历史事件"。"八五年代"是犹太民族大屠杀教育的对象："在中学课堂上，我们听到的更多是希特勒和第三帝国，而不是卡洛琳王朝、恺撒、罗马、拿破仑或者法国大革命。……尽管希特勒和大屠杀没有在课堂上渗透到意识深处，却在一次穿越以色列的旅行中渗进我们的意识，在一次对达豪集中营的参观中渗进我们的意识。"（舒乐/Schüle，2006：94f）作者如此总结这一代人的历史意识："我们有机会，不再非得消极地定义历史，而是能够在当下积极了解自己。其实我们对过去已经不再那么感兴趣，因为记忆文化与个人情感是分离的。"同时他也认为："希特勒、奥斯维辛、大屠杀是我们文化和个人自我认识不可分割的组成部分，它们已经无法从一群人的社会心理基础中抛出去了。"

那些"自由意识形态"的实践主义者以一些公民美德——如设身处地地体会、尊重和沉着冷静——替代道德罪责话语。像米切利希夫妇一度证明德国人没有悲伤的能力那样，"八五年代"证明"六八年代"没有快乐的能力。他们已经受够了忧郁的气息。于是舒乐发出了另一个声音："放任快乐和希望吧。"

这里我们不能忽视这一代人在东部的映像。同样出生在 70 年代，同样经历过柏林墙的倒塌，但所有的经历都是从另外一个角度：他们是后转折时代的一代人。出生于民主德国并参与那里的社会活动，这些年轻人与东、西德统一切身相关。对于他们来说，这一事件不仅为他们创造了新的机遇，通过这一巨变他们的根源和历史也消失了。因此没有哪一代人像他们一样与自己的回忆紧紧联系在一起。在这里我引用亚娜·西蒙（Jana Simon）一本小说里的几个片段：

"'以前'，是让生于 70 年代的人们维系在一起的一个词语——也许是唯一一个吧。他们还共同经历了这一神奇的国家，这个后来崩溃了的国家，在对它的仇恨或者冷漠态度上他们是一致的。后来他们将自己儿童时代和青年时代的记忆集于一体。…… 他们无法找回他们成长的地方了。他们青年时代的俱乐部基本都已关门，有些甚至像 PW 俱乐部一样被烧毁了，街道不再叫它们以前的名字，学校也是。他们父母亲房子里的陈设被换掉了，他们的房屋被重新修缮过了，他们孩童时代的物品……一切都消失了。他们的旧教科书，那些以前必须部分背诵的关于工人阶级历史的书，正躺在垃圾桶旁。中学的老教室，那些举行无聊列队仪式的荣誉园地，所有都消失在记忆里。"（西蒙/Simon，2002：25，47 等）

结　语

在一本与世代相关的书的封底上写着："关于世代的书籍本应被禁止！"[1]对此我想指出的是，在他者的影响和自我建构的紧张关

---

[1] 在福洛里安·伊利斯（Florian Illies）一本著名的研究年代的书本封底上本雅明·冯·斯图科拉德－巴尔（Benjamin von Stuckrad-Barre）如是表达自己的观点。托马斯·安茨建议将这句话转用到学术会议、论文和文集中。（安茨/Anz1994,2& 2001）

系、经验和构想之间的紧张关系的概念中还是蕴藏着潜在有趣的研究价值的。从谢尔斯基出发，我们了解了社会学中代际研究的一些基本理论。这一代际研究很长时间以来与青年研究具有同等意义，并且属于现代化理论的一部分。与之相关联的基本问题是指向未来的，也就是：是什么推动社会的变革，是什么维持文化的活力？ 除了社会学家还有历史学家、心理学家和文学家参与的文化学代际研究，有着不同的认识上的兴趣点。通过从不同角度对几代人进行研究，它发展出了一个观察 20 世纪历史的新视角。它的前提基础是，历史是被体现的并且是被多重视角体现的。此外，代的概念不单单指一个人的青年时期，它所包括的是其在不同生命时期各种变化的整体生平。被体现的历史意味着：每一代人各自的历史都存在于他们的骨头里，他们将它析出，他们与它纠缠斗争，他们一生都在对它做出回应并且是以各种不同的方式。

如我们所了解的，一代代人的交替（可以）被看作是重大的历史转折。他们是标记时代门槛、表现新方向和价值转变的一种方式。每一代人都立于他们的前辈之上并且通过与他们的交替获得对于自身来说非常重要的联系。没有这一想象中的对手，一代代人在时代的变迁中就无法弄清楚自己是谁。他们以这种方式促进差异，制造断裂并且加快（如谢尔斯基所言的）历史变革。每一代都不是完全为自己而存在，所以在认识过程中把每一代人（如"六八年代"）进行孤立将导向一个错误的方向。各代的人通过潜意识的联系相互交叠在一起，并且在历史历时的过程中注明自己是对前一代人的修正。这里存在着无意识的传递和委任：一代人没有完成的计划通常由之后的一代人接手。此外非常重要的一点是，至少三代人的同时存在，带来的是当下不可以简化的多重性，以及既可能是对立也可能是联盟的关系。因此，以现代的眼光看待历史是十分丰富的，而不仅仅是极端简化的"现在的现在的现在"（格拉斯/Grass，2006）。如同在家庭中一样，社会中也存在着"非共时的共时性"。

　　不过我们当下经历的不仅仅是老年和青年、年长者和年轻者两种声音的纠缠，还有与两代人关于时代阐释权的告别，也就是这里重点讨论的"四五年代"和"六八年代"。这一告别带来的明显后果，是对介于道德化和历史化两者间的我们的历史形象的重新定位。我们恰恰成为了见证者，就像那些在漫长的时间中被当做不容置疑的"当代"那样，慢慢成为过去一样。

家庭记忆中的历史：世界历史的私人通道

> 人物的形象只有在想象中成型，现实中我无法做到这一点。
>
> ——达格马尔·雷奥帕特（Dagmar Leupold）

> 人类与动物的区别之处就在于，他知道自己的祖父是谁。
>
> ——托马斯·尼培尔代（Thomas Nipperdey）

开端与结束，断裂与延续

以第一人称的形式是没有办法将一个人的生平从出生叙述到死亡的。也许这就是我们无法抗拒小说的原因，因为它呈现给我们的，正是人们有意识的人生经历所未包含的：开端和结束。出生与去世从未被包含在作家自述中——如果这一自述与个人回忆相关。对作家自传有所研究的哲学家彼得·斯洛特代克将这一点称作"人类生活历史的开端缺失"（斯洛特代克/Sloterdijk，1988：42）。这一说法指的是开端的自我隐匿，这一方面之所以隐匿不被人察觉，是因为人类的生存从来不必完全从零开始，而始终是慢慢地熟悉那些已经存在的联系：熟悉家庭、语言、历史、传统、文化。个体的生活早就已经（这两个词在这里的确是妥当的）被嵌入进超越个体之上的生活，而没有这一个体之上的生活，个人生活根本不会出现并获得发展。

　　这一嵌入的情形源自人类学，通常用于描述这一情形的是一个锁链的形象。席勒（Schiller）1789年在耶拿大学的入职演讲中使用了这一象征。席勒认为，置于个人之上的意识必须激发个体"向未来世代缴纳它已无法向过去世代所缴纳的债务。一种高尚的渴望必定会在我们心中燃烧，去追求真理、道德和自由的丰富遗产，并且必定会更加丰富地把这种遗产重新交给未来的世界，还会从我们的资金中贡献出一些，并且把我们迅速消失的存在（Dasein）固定在这种由所有人类编织的永恒的锁链之上"。[①]按照席勒的观点，个人的生活历史是转瞬即逝的。相对应的，永恒留存的仅仅是一条锁链，也就是几代人、性别、民族和文化之间的相互联系。我们今天用"文明"或者"文化进化"这样的词汇来描述这一十分笼统的联系，并且用它们来表示科学和技术革新的累积过程或文化创新，这一文化创新在19世纪又被总结为"进步"这一概念。席勒所描述的关于"锁链"的形象中，有趣的是它对未来的指向性：未来成形于，我们将那些从之前世代所获得的，更加丰富地传承给我们之后的世代，以此做出一些我们自己的贡献。他所提到的"债务"，是一种亏欠的人情债，或者用现在的术语来说"赴偿之债"。

　　席勒所谓的对前世欠下的人情债在现代化理论中很快失去其一席之地，因为现代化理论的重点转移到了彻底的决裂和全无预设的开端上。革命、创新和个人主义这些现代主义典范，渴望的是打破传

[①]　席勒在这次演讲中阐述了"历史"这一新概念，他对其的理解是"世界历史"："（个）人在变化着，并且从舞台上迅速消失；他的观点也同他一起迅速消失着并且起着变化，然而历史却单独地连续不断地始终保留在舞台上，永远是一个一切民族和时代的不死的公民。"（席勒/Schiller，1789:35）席勒采用了赫尔德（Herder）的跨代"锁链"这一形象，不过赫尔德用这一形象所描述的是一种语言关联而非历史关联。席勒以此将"锁链"这一概念从民族文化的语境中挪用到了世界历史的语境中。

统，扯断锁链。现代主义极度期待——按斯洛特代克的说法——"自我开端的应激反应"，其清除已存在的流传事迹和习惯传统，从而创造了一块白板（Tabula rasa）；并且倾向于一种不做任何前提预设的思维形象。大概在二十年前，斯洛特代克在一堂诗学课上谈到了"开创的诗学"。这堂课上他也分析了德国历史和他自己这一代人。他解释说，当传统被滥用并且被扭曲时，它们自身所承载的老旧原则便失去了适用性。他断言，他们这一代人对于历史和世界的信任的毁灭已不可逆转。在这一境况下人们别无他选：走向极端的断裂，以及激进的个人主义和自我独立。这位（像我一样）出生于1947年的哲学家对他这一代人的集体情感做出如下描述："那些出生在20世纪中叶的德国人，像从炮火炸毁的房屋中逃出的幸存者，是从民族传统的母胎中爬出来的。"这一代人完全缺失的，斯洛特代克继续写道，是一种"脚踏实地、依托于强固传统的安全感。""奇怪的是，这些人都作为坏父母的孩子出生和成长，其他人都有完整的家族谱系，而他们身后是地狱。在其他人看起来拥有永居权的地方，他们感觉自己是难民。1945年以来，人们不敢正视那些难以启齿的往事，仿佛背上刻着恐惧的文身一样。"[1]

从父亲文学到家庭小说

"六八年代"的存在经历表现在，他们发现自己生自"不好的父母"，发现自己被前代的世界所欺骗并且被人们弃于不顾。人们以不

---

[1] 斯洛特代克/Sloterdijk(1988:45 & 48)。有趣的是，斯洛特代克其实是从婴儿的视角来描写这一代与代之间情形的，即母亲的子宫和打破不信任。面对这一颠沛流离所带来的创伤，他的回应是退缩到极度失望的个人主义。他在其他作品中所做出的哲理回答引向的是一个新的关于子宫、囊泡，以及世界和身份的子结构的形而上概念。

同的方式对这一经验做出实际的回应，但所有这些回应都建立在家谱锁链的绝对断裂上，而人们则是因出生被扣挂在这一锁链上。这一决裂尤其在一种盛行于七八十年代西德的文学形式，即"父亲文学"中得到印证。这些作品围绕着与血亲父亲的背离展开，与之相伴的通常是对精神父亲的找寻。随着与世界大战和犹太大屠杀时间间距的拉大，父亲文学在 20 世纪 90 年代被代际小说或称家庭小说所取代，这些小说在千禧年转折之后仍然盛行。两种类型小说的共同主题是把焦点聚集在一个虚构的或者自传式的自我身上，这个自我在直面自己的家庭和德国历史中印证他或者她的身份。不过这一自我印证的形式在两类文学中却不尽相同：父亲文学的中心思想是个性化和决裂——它的主体中心是与父亲的对抗、斗争和决算；家庭小说的中心思想则更加注重延续性，它涉及的是个人的"我"如何融入更大的家庭和历史关联中去。

　　家庭小说中的主人公对其自身身份的探寻随即获得了一种历史的深度和复杂性，而这一点在父亲文学中却并未得到突出表现。这种深度和复杂性还表现在文本的写作方式上，家庭小说多半以调查研究作为支撑，并且采用了家庭档案和其他文件中的资料。这一历史声音与语篇类型的混合造就了一个新的文学时刻，它使得家庭小说成为一种打破虚构文学和纪实史料之间明确界限的混合文学类型。在父亲文学中，自述者的形象受限于一种强烈的划清界限的愿望，而家庭小说则更多表现的是一个找寻的、隐忍的、诠释的以及探知的"我"。这一讲述者形象中十分关键的一点是，他们认识到，他们身份中重要的一部分是与家庭的历史联系在一起的，而这段家庭历史他们本身却并未经历过。这样一种回望过去、理性分析和渴望理解的态度绝对不等同于谅解，它表现的是偿债的另一种形式。"家庭小说"的重要结构特征是对交互存在的个人、家庭历史和民族/国家历史的承认,而这一点同样也是其认知策略和情感状态的基础。随着从父亲文学到家庭小说的转移,"代"的概念也发生了改变。在父亲文学中,我们处理的是一种代与代之间的两极关系。文本关注的仅仅是父亲与儿子或女儿之间被道德所占领、处于极度紧张状态的跨代交界点。它以一个二元的代际模式为前提,在这一模式中相应年长的一代和相应年轻的一代之间的矛盾是一个人类学上的基本冲突。父亲文学描述的向来是这一断裂点,它也成为上演德国战后史中各种讨伐罪责和控诉、纠缠和反抗闹剧的典型舞台。相比之下,家庭小说中被描述的时间围绕着三(或者更多)代人之间的相互回顾展开。这几代人既是家庭维度又是历史维度中的当事人,因此也是集体经验和价值观念、心性和偏见结构的代言人。当父亲文学表现性地对两代人之间的决裂进行描述,紧随其后的家庭小说则建立在以长期的纠葛、传承和交叉为表现形式的延续性问题上,这些问题有时产生于家庭其他成员不知道的地方。

让我们再次回到锁链的形象。家庭小说的作者们认为,斯洛特代克在1988年如此极端激进且固执地扯断锁链的这一做法并没有解决任何问题。他们引以为鉴的是美国哲学家拉尔夫·沃尔多·爱默生(Ralph Waldo Emerson),早在这些作家之前他就表达了如下观点:"我们曾经都以为积极的力量就是一切,但如今我们才明白'消极力量',确切地说,环境占了一半。"[①]爱默生认为,个人绝不可能是其个人身份认同的设计者。他所谓的"消极力量"指的是我们生活中的某些元素,这些元素并非产生于有意识的追求和生活样式,而是源自长期的深刻印迹和无意识的影响。尼采,作为爱默生的仰慕

---

① "Once we thought positive power was all. Now we learn that negative power, or circumstance, is half." Emerson (2003), 8. (参见弗里德尔/Friedl 2004, 53 - 78)。

者，转变了对"消极力量"的看法，这一转折恰好可以被看作新兴的德国家庭小说的标语："既然我们现在是前辈人的后果，那么我们也是他们的失足、激情和错误——或罪行——的后果；想要完全脱离这一生物锁链是不可能的。如果我们要判决他们的每一次失足，而视自身与前辈人完全决裂，那我们就无法面对我们出生于他们这一事实。"（尼采/Nietzsche，1962：299 等）

锁链的形象在这里发生了一个特殊的转变；如果席勒要传给后世的是对之前世代所欠下的人情债，那么尼采留给后世的则是消极的罪责。在积极的能量下这一锁链是指向未来的，而在其他情况下它则构成了一种束缚，因为它将现在捆绑于过去之上。如果父亲文学是以"外部化"的形式对抗国家社会主义（剥离异质性的东西，将其强加于他人身上），那么隐藏在家庭小说之后的确切地说则是一种"内部化"立场（接受他者是部分的自我）。这类小说使得"国家社会主义亲近于人们"；人们开始一丝不苟地重建一段历史，而这段历史很长时间以来是人们并不愿意知道的，这段惊悚的德国历史由此也得以尽可能真实地被还原。接下来我将分析这一新兴的家庭小说中的两部作品，正是它们打开了通向德国历史的新通道。

达格马尔·雷奥帕特：《战争之后》

达格马尔·雷奥帕特（Dagmar Leupold）的小说《战争之后》（译注：在此，战争是指"一战"和"二战"）乍一看似乎属于父亲文学类型。它讲述的的确是——排除其他的家庭情节——纯粹的父女之间的问题。其作品的新颖之处就在于对各个年龄阶段，即故事原型发生的人生阶段的一贯性留空。这些阶段包括青春期时期，大学教育时期以及与家庭决裂的时期。不过雷奥帕特的女主人公却完全不是能言善辩的"六八年代"或"七八年代"人。[1]她从一个孩子的视角出发，对一段较长的时间进行了描写，面对这段时间中发生的恐怖事件，这个孩子束手无策；她以一种陌生化的手段，将发生的这一切描述为"家庭芭蕾舞剧"，并在随后的描写中对其进行了辛讽的抨击。作者在小说中的另一个角色是一位日耳曼文学及历史学学者，在父亲去世后的几年间，她深入阅读了父亲遗留的文字，并且在档案资料中究其根源。只有在小说的第一章和最后一章她被以"女儿"的身份强调出现，不过在这两章中，家庭纽带恰没有按照父亲文学的模式被扯断，而是通过亲密的场景被再次联系到一起。父女之间的对话，在父亲去世之前未曾得以实现，于是只能通过回忆的形式，通过对父亲的日记及文学尝试[2]的解读，以及通过对原始资料的研究弥补回来。写作本身作为人生记录是不可或缺的自我确认的媒介。

"战后"这一时代并非如人们所认为的从1945年开始，而是从父亲的去世，或者确切地说，从女儿尝试对父亲的书面偿债进行解读开始。因为1945年结束的战争实际上仍在许多家庭中继续蔓延，一方面，它被作为谈话的主题不断被提及、被解读；另一方面，它已从生理和心理上都对人们造成了一定的影响。这位1955年生的女作家写道，这场战争"渗入家庭中间；未曾经历这一命运算是一种侥幸，所以人们只能默默地、谦卑地、满怀内疚地接受这一点"（雷奥帕特/Leupold，2004：45）。默默地、谦卑地、满怀内疚地——这些表述所概括的同样还有这部小说中的三个女儿在家庭中面对她们专制、任性、极度敏感、充满愤怒和焦虑的父亲时的态度。20世纪60年代是

---

① 在一段文字中，雷奥帕特将自己理解为与父亲对立的儿子，因为父亲认为，女儿有其特有的女性魅力。

② 这里对应的是父亲（如瓦克维茨，2003）的文学写作。然而女儿对父亲的谴责则在于，他的写作是一种虚荣和造作的表现，他本人并没有通过写作获得自我认识。（雷奥帕特/Leupold，2004：214）

一个财富和社会稳定不断增强的时期，雷奥帕特描绘的正是她们在这一时期的成长过程；然而这一日益趋稳的社会气氛却与家庭的内部氛围形成了鲜明对比，最能表现当时家庭氛围的是父亲随时可能爆发的脾气。"一切都处于剑拔弩张的气氛中，父亲可能会在任何时候发作，或是怒气冲天，或是极度自我分裂，女儿们只好四下逃窜——像灯光下的蠹鱼一样。"（雷奥帕特/Leupold，2004：108）她们的童年生活被雷奥帕特描写成了一种持续的戒严状态："当父亲口里仍咀嚼着，却突然因为那些蠢货、半吊子和算术文盲而大发雷霆时，当他在讲述着军事突袭、战地医院、枪林弹雨和西里西亚时，当他自己从一个关键词跳到另一个关键词时，以及当他仅仅因听众表现出一点点困乏和不感兴趣而爆发出强烈愤怒时，孩子们战战兢兢地完全不敢直视父亲。她们祈求此刻电话铃声能够响起，或者出现在门口的耶和华见证人或栖身在衣柜镜子背后的上帝本人能够终止他的暴怒。"（雷奥帕特/Leupold，2004：44）

父亲的战争讲述，可以说，"像连绵阴雨一样无止境地倾泻着，孩子们勉强忍受着，却从未完全接受，接着细雨又迎面而来"（雷奥帕特/Leupold，2004：44 等）。他以一种"自言自语的、狂躁的、无法被打断的"（雷奥帕特/Leupold，2004：102）方式进行着交谈。"十五、二十年前的战争，对他来说是唯一值得并且必须讲述的事件。"（雷奥帕特/Leupold，2004：44）战争是所有叙述万变不离其宗的准则，它导致人们不再叙述当下的生活，于是它渐渐失去其现实性；同时，它也令人们无法关注自己的生活体验和身份认同。"关于战争讲述，女儿们没有记住一星半点儿内容，尽管父亲在其描述中没有对地名、年份和战斗做任何隐讳。"（雷奥帕特/Leupold，2004：44）面对如此不情不愿的听众们，父亲本可以通过撰写小说的方式来替代这种无休无止、冗长繁复的战争口述，通过这一方式，他亦可以期望获得认可并且扩大其经历的影响,只是他并没有着手这一计划。雷奥帕特这部小说的副标题是"关于一段生活的小说"。这一标题所联系的正是父亲未实现的计划:"作为当时的听者,我此刻力所能及的,便是对所有那些被讲述的——就像对未被讲述的那些一样——重新探寻,重新理解,使之完整成为一部历史;否则我只能对那些残缺不全的印象、不为人们所理解的事件做出让步。而我只是作为父亲遗留的女儿,永远不会告别的女儿,来完成这一任务。"(雷奥帕特/Leupold,2004:111)

女儿以自己的方式实现了父亲未遂的计划,而通过父亲的生活历史所重建起来的,同时也是一个人从帮凶发展到凶手的大略过程,部分人的生活经历与这一过程具有很大的可比性。在小说的第二部分,也就是再建父亲生平的部分,家庭的历史成为洞察 20 世纪上半叶德国历史的关键。在雷奥帕特的叙述中,她尽可能详尽地将父亲鲁道夫·雷奥帕特(Rudolf Leupold,简称 R.L.)的个人履历与其再构的外部生活状况结合起来。作为一手资料来源的是雷奥帕特的父亲留下的一些书面遗物(日记、一部小说创作的片段、照片)以及历史档案和新的历史研究资料。心理历程表中记载着,父亲出生于位于波兰别尔斯科地区的一块德国飞地,其父母亲是工人,这个家庭不仅挣扎在贫困的边缘,而且经历着来自波兰社会的各种侮辱和歧视。无法忍受贫困、失业和屈辱的祖父在 1932 年结束了自己的生命;父亲在他的节日礼服中发现了祖父的遗书,同时也发现了自缢于一棵苹果树上的祖父。女儿猜测,"祖父的死令父亲接受了德国民族主义的激进化……以及夺取政权和命中注定的理念"(雷奥帕特/Leupold,2004:115)。此外,心理历程中还记录着父亲的数学天赋,正是从这一日益凸显的优势——或者说天分中,父亲获得极大的自信。一方面是持续不断的受辱经历,另一方面是日渐增强的认同需求和虚荣心，两者的混合激发了他的抱负，甚至支配了他的纳粹生涯：40 年代他被任命为波兰总督府（译注：是指 1939 年 9 月波兰战役之后，被德国军队所占领的波兰领土中，未直接与德国合并的部分）代理教育督察，他的这一雄心抱负被贯彻到他的政策方针中去。一种天赋使命般的德意志统治理念像一剂止痛药安抚着他早期生活中屈辱经历留下的伤痕；最终领导政权的野心使得他对德国侵略和谋杀式地占领波兰表现得无动于衷且视而不见。

雷奥帕特在 R.L.的心理历程表中发现了两个明显的特征：策略性的麻木不仁和神话式的使命感。一方面，父亲在日记中以一种纯粹战略性的语调记录着战争的发生；这些段落"如同伴随着他一生的数理思考和运算一样毫无情感"（雷奥帕特/Leupold，2004：129）。另一方面，父亲还将自己完全等同于诸如格奥格·秉丁（Georg Binding）诗歌中"圣骑士"的神话形象，这一形象认同担负着一种承担集体历史使命的献身精神。认知与情感、冰冷的策略和拙劣的神秘主义在这一灵魂体中并不冲突，反而以最糟糕的方式相互弥补。这是狂妄自大和天赋使命感与信奉科学万能的官僚主义及权力政治的恶性结合，它们在 R.L.的灵魂中相互纠结在一起，创造出的是一种极具毁灭性的"德意志精神"。①

仇恨能够很快地在集体中蔓延开来，因此它是一剂危险的毒药；忍受过屈辱经历的个人渴望的是一种集体的优势和复仇欲望。战争失败所带来的新的屈辱必然由这种权力幻象买单，而新的怨恨也在这一代人中被释放出来。正因如此，就像我们所读到的，1945 年之后，战争仍在家庭中疯狂继续：以一个战败者没完没了地讲述

---

① 雷奥帕特引自克里斯托弗·布朗宁（Christopher Browning），他认为"屈辱的民族主义"是骇人听闻的德国大屠杀历史的唯一起因，不过他却认为，这里只是对屈辱和复仇荒诞可笑的误解（雷奥帕特/Leupold，2004：136）。

过去的形式——尽管他无法接受自己惨败的命运。父亲在战后虽然没有保留反犹太主义的情绪,并且意识到了自身与波兰人之间的密切联系,却仍将自己置于受害者角色的中心位置。他的天赋从未得到适当赏识,作为东部难民,他像二等公民一样被对待,这些生活中的不公令他痛苦难堪。对父亲心理历程的解读成为了雷奥帕特的一项关于"仇恨"的详尽而敏锐的研究,正是"仇恨"这一主题将生活中所有的幻想结合在一起,导致父亲将其所有显著的秉性——理智、天赋、幽默和口才——投入灭绝人性的政权的事业中去。就像他这一代的许多人一样,1945年对于R.L.来说只是一次外部而不是内心的转变。作者对父亲在纳粹政权框架中所发挥的作用没有做出任何批评性的评价,只有"出于失望和认命而产生的并且不断增强的愿意接受事实的情绪"(雷奥帕特/Leupold,2004:151等)。[1]在对过往的回顾中,生平主要通过受害者角色的感受维系起来。对此,女儿做出以下这段言简意赅的分析:"那些将自己视为阴谋、环境和时代受害者的人们,不接受对自己的行为进行特殊的批判性检视,而是努力证明一种事件发生的必然性,这些行为则正是这种必然性的典型表现。"她继续说道,在这代人看来,无论是就生活史而言,还是就史实而言,不是"个人及其集体行动和决定的总和与结果",而是"基于独自的法则而产生的……力学"(雷奥帕特/Leupold,2004:167)。对于战争经历以及在战争阴影中所犯下的滔天大罪,她并没有慌乱错愕,而是以一种美学的姿态进行回应。这一态度的典型表现是作

---

[1]　雷奥帕特:沉默"利用了我们俩"(雷奥帕特/Leupold,2004:157)。她可以保留父亲(仅存)的正面形象,而他则不需要解释其在意识形态上所表现的前后不一致:为什么战前是纳粹主义的追随者,在战后脱离民主主义和保守主义,"却并不与那些可恶行径保持距离"(雷奥帕特/Leupold,2004:157)。父亲"没有成为联邦德国的反动分子,因为国家社会主义对他在意识形态方面所持续的影响,只是像它给他带来的益处那样(少)"(雷奥帕特/Leupold,2004:218)。

为前途和命运的历史的去个人化和自然化。1950 年德国被驱逐者宪章中曾提及"过去十年给全人类带来的无止境的苦难"（雷奥帕特/Leupold，2004：184）。这一世纪罪案被转码成了一次自然灾害，"在没有人类参与的情况下席卷全世界的民族"。

斯蒂芬·瓦克维茨：《看不见的国度》

雷奥帕特在对父亲生平的重新构建中描绘的是经历"二战"的这代人中一员的深刻形象，而斯蒂芬·瓦克维茨（Stephan Wackwitz）在他的小说《看不见的国度》中则将"一战"亲历者中一员的生平展现在我们眼前。在这本书里，主人公讲述的是他如何"以一种并非毫无把握的方式与上世纪的一些中心事件建立起较为密切的关系"（瓦克维茨/Wackwitz，2003：47）。作者在书中将其个人的家庭历史清晰地放到大历史中去，正是通过这一方式，这本具有高度思想性并且情节紧凑的小说获得了十分广泛的关注。

这本小说中——参照詹姆士·克吕斯（James Krüss）的书名，也可改为《祖父与我》——仅有的两位主人公相遇在一个对等的高度下。（译注：詹姆士·克吕斯，德国作家，诗人，代表作是儿童读物《曾祖父与我》）在对小说进行分析之前，我将对两位中心人物进行简单介绍。祖父安德雷亚斯·瓦克维茨（Andreas Wackwitz）属于"一四年代"中的一员。从加利西亚换岗到法兰德斯——也就是希特勒曾经参加陆军师的地方，他完完整整地参与了第一次世界大战。（译注：加利西亚 Galizien，中欧历史上的一个地区名，原加利西亚地区现在属于乌克兰和波兰；法兰德斯 Flandern，比利时北部的一个地区）。他出生于林务员之家，曾经是一名充满热情的森林猎人，是有决斗规约的学生社团成员（译注：该学生社团在 20 世纪德国属于右翼阵营），是忍受着失去战争荣誉勋章的军官,面对德国在凡尔赛会议上所受的耻辱,他表现的是一种"民族顽强性"。"一战"结束后他的战争却仍在继续;他参与了卡普政变,他的立场随着历史的激变"从德意志民族主义幻想过渡到已经是完全无耻和放任的国家社会主义幻想"(瓦克维茨/Wackwitz,2003:200)。作为新教牧师,他先是于1921年至1933年在位于波兰的上西里西亚地区安哈尔特城任职——从这里向南10公里便是奥斯维辛,随后,从1934年至"二战"爆发他任职于德属西南非领地。

孙子斯蒂芬·瓦克维茨属于"七八年代";1952年生于斯图加特,在中学时代就已经历过"六八年代"运动的洗礼。他在攻读日耳曼文学和历史学期间是学生组织"马克思主义学生联盟斯巴达库斯"(译注:MSB Spartakus,是1971年至1990年存在于联邦德国的具有全国影响力的学生联盟,与德国共产党联系密切,并以其政治政策为长期行动基础)的一员。在这一组织中,用他自己的话说,他丢失了生命中关键的五年,他也称其为"自由奴隶"的五年。在柏林墙倒塌和共产主义陷落之后他经历了人生的转折,偶像的名字从列宁和托洛茨基变成了哈贝马斯和罗蒂(Rorty)。变身为辛讽的实用主义者和自由作家的瓦克维茨几乎只在国外工作;1999年起他担任波兰克拉科夫歌德学院院长一职,并在这一时期完成了他的家庭小说;2006年他接管了斯洛伐克布拉迪斯拉发的歌德学院。

尽管祖辈和孙辈的生平有几乎二十年时间是重叠的,然而两者却从未在有生之年正面相遇过。在严正的祖父眼里,孙子是一副苍白"怠慢"的形象,而孙子则对祖父渺小可笑的形象嗤之以鼻。与雷奥帕特一样,有生之年未曾进行的交流——瓦克维茨所谓的"雄伟的关系缺失"(瓦克维茨/Wackwitz,2003:58)——直到几十年后才得以实现,这时孙子已为人父,而祖父只留存于记忆和遗稿中。回忆无法提供面对面的交流对象，而在文字中人们则可以进入一种对话的关系。孙子获得了整整一箱书籍、日记和照片，以及分散在家庭成员中的回忆录，这些都是祖父的珍贵遗物。言语无法实现的交流在这里通过阅读和书写的形式得到了延迟的弥补。

这些微微泛黄的回忆录就像漂流瓶一样终于在三十年后到达了孙子手中，他在阅读的过程中逐渐意识到，在祖父的形象中，祖父恐惧地直接面对德国的历史。我们在上一章中讨论到历史在几代人身上的体现，以及这种体现不仅表现在知识和观念上，并且表现在经验和习惯中。孙子在祖父那里感受到的是一种极其简洁的被展现的历史，这一形式被瓦克维茨称为"民族图雷特氏综合征"（译注：图雷特氏综合征：以不自主的多发肌肉抽动和猥亵性言语为主要临床表现的原发性锥体外系统疾病）（瓦克维茨/Wackwitz,2003：176）。罹患这种病症的人会"在最无伤大雅或者社会容忍度最高的环境下"以一个陌生的声音忽然冒出猥亵性的语言，正如祖父在纳粹时代结束后的几十年间口中时常蹦出的一些民族口号和标语。在那些图雷特氏综合征患者的内心深处，有一个陌生的声音对他们进行突如其来的干扰——其实这正是人类记忆多样性的直观体现，而这一由多种声音混合而成的记忆是无法达到自身的统一或者完整的同步的（参见Ricoeur,2004：187 等）。早期生活阶段时的个人身份被保留在年岁中，当时的年轻人所使用的陌生词汇此刻妥帖恰当地出现在如今已是年长者的现在的谈话中。[1]这是"非自主记忆"的一部分——不过

---

[1] 再以君特·格拉斯为例：当他 2006 年 8 月坦白自己的生平经历时，交错的早期习惯再次发出声音。格拉斯将他的仇恨转移到黑暗的阿登纳时期和 20 世纪 50 年代的复辟运动，他认为这比纳粹时代还要糟糕；他再次将国家社会主义的自由青年运动民族共同体与小市民家庭环境的紧迫狭隘相对，并且宣称，他是在美军占领部队那里生平第一次认识到种族主义这一现象。我在这里绝不是要揭露政治错误的言论方式，而是指出完整保留的无意识记忆和身份层面这一现象。

这一描述与普鲁斯特的非自主记忆没有太大联系。瓦尔特·本雅明写道："只有那些不明确并且不是带着'意识'经历的，那些未被主体认为是'经历'的，才能够成为非自主记忆的组成部分。"（本雅明/Benjamin，1974：613）这段来自另一时期并且封存完好的话语表达的是一种未被加工处理的、不由自主的情感记忆，并且这一表述重述了之前的观点态度，这些观点在随后的生活中甚至从未被以自我批评的形式检验过。

　　这本书的书名"看不见的国度"指的是前天的世界，是瓦克维茨的祖父所生活的世界。它指的也同样是昨天的世界，是孙子作为被政治化的"七八年代"所经历的世界。他认为，这两个世界以某种方式紧密地结合在一起，毕竟它们示范性地标志着 20 世纪集权主义运动的开端和结束："第一次世界大战根本没有在 1918 年结束，它持续到了 1989 年，而且不仅是我的父亲，还有我自己都以某种方式在其中继续斗争，直到这个世纪的最后十五年人们才走出了（'一战'）。"（瓦克维茨/Wackwitz，2003：133）

　　此外，在祖父的国度里不可见的还有那些重大的历史关联，直到孙子在新世纪门槛前写出这部家庭小说，它们才从回忆中踏入"可见的现在"（瓦尔特·本雅明）。孙子用自己的作品来回应祖父在五六十年代写下的回忆录，他（像雷奥帕特一样）将大段祖父的文字穿插进了这本书里；作家在这部自传式小说中对自己进行了反思并对历史进行了阐释，而祖父的这些文字片段正是这一尝试的出发点。在这部小说中对祖父踪迹的追寻以一个留白展开：五十年后家人拿回了一架在当时危急情况下被没收的照相机，大家紧张地想知道，塞在相机里的柯达底片被拿去冲洗后将展现出什么。然而发黑的胶片已无法显示任何图像。在这一永远失去图像的留空中，随着阅读祖父的回忆录，孙子在自己的脑海中"冲洗"（瓦克维茨/

Wackwitz，2003：34）出了一幅幅想象的画面。

瓦克维茨选择了"家庭小说"这一概念来描述他这部复写式的作品。这一概念在这里涉及的并不是文学上的类型定义，即雷奥帕特的父亲所徒劳追求的，更多的是一种在寻找与发现、历史印迹与想象重建之间的关于回忆工作的结构性特征。这一概念还直接参照了弗洛伊德对此概念的使用，在其《精神病患者的家庭传记》一文中他分析了家庭关系内部强迫性的、妄想的以及幻想的因素。（弗洛伊德/Freud，1966：227 - 231）正是这些因素引起了瓦克维茨的兴趣，这也是为何在他的作品中灵魂形象如此密集出现的原因。在想象中，孙子跟随着祖父再次走过 20 世纪前半叶，在祖父的生活历史中他清晰地辨认出了那些对于当时的历史亲历者自身来说并不可见的联系。瓦克维茨给自己选择的任务，是在对历史的回顾中解密 20 世纪末生活中发生的幽灵般事件之间的联系："祖父的回忆录记录的是生平中客观、有形并且有历史原因的事件，透过这些回忆，或者从这些回忆中去了解他的理想国度的形象和其中的灵魂形象（这些灵魂也曾在我的国度中作祟过），于我，即这一多面男人最年长的孙子来说，似乎是理所当然的。"（瓦克维茨/Wackwitz，2003：51）

在阅读过程中孙子惊奇地发现，"在这期间我的生活与另一个人的生活变得如此相似，而在这个人尚且在世而我还年轻的时候，我是多么不愿意与其有任何一丁点儿的相像。……在阅读中我时常感觉，在十几年中我的生活和祖父的生活在不知不觉中得到了相互谅解"。（瓦克维茨/Wackwitz，2003：35）他不仅发现了祖孙二人平行的生活经历——他的小说在克拉科夫完成，离祖父在上西里西亚地区安哈尔特城（Anhalt）的牧师寓所不远，那里也是他父亲出生的地方。他还发现了自己从祖父那里遗传下来的"大鼻子、对哈瓦那雪茄的偏爱、少年白头倾向"（瓦克维茨/Wackwitz，2003：102）等，甚至还有两人共同显示出来的创作天赋和某些男性特有的幻象。这些幻象中的一点便是书中作为主旋律反复出现的祖父的使命感——"无意识的欲望膨胀,……等待着被占领和征服的东部领地的诱惑——这也是对中世纪先驱的追随"。这一神话般的历史使命超越几个世纪和几代人渗入肢体,凝聚成一种生理习性,孙子在自己的身上也发现了这种所谓的使命感的残存(瓦克维茨/Wackwitz,2003:210)。

除了遗传素质、愿景期望和狂热态度,在祖孙二人身后不知不觉地达成相互理解的还有一些其他的东西,那就是祖父亲身演绎的历史,特别是已经深深嵌入祖父强悍性格中的凡尔赛综合征。关于这一方面,孙子将其称为造成祖父"暂时性创伤"的"来自背景的辐射"(瓦克维茨/Wackwitz,2003:86)。安德雷亚斯·瓦克维茨将自己武装在"坚硬冰冷的盔甲中,期望按照自己的意愿'悄无声息'地死去或者灭亡(既非胆怯也非反抗,亦非虚弱或者抑郁)"(瓦克维茨/Wackwitz,2003:86)。情绪跨越了几代人隐蔽地扩散开去,并且将一些事情以其他能够理解的具有否定性的语言传递给后代。①

这部小说中代表着神秘和恐怖的所谓幽灵因素,主要指那些在看不见的国度里保持不可见的,那些不仅仅是被身处那一时代的安德雷亚斯·瓦克维茨所忽略的,并且对于回望过去撰写回忆录的他来说也是保持不可见和难以感受的东西。家庭中的沉默,是滋养历史幽灵最重要的环境因素。禁忌和秘密在家庭记忆中沉淀下来,保存着那些未被说出的事件,于是它们不再流传或被继续讲述。看着1943年和1944年的家庭照片,灵魂窥视者斯蒂芬·瓦克维茨"似乎真的了解了那些危急情况,那些被压抑的负罪感,那些笼罩在当时

---

① "也许这种沉默就像参与世界战争的老兵们深不见底的悲哀那样,这种悲伤在我还是孩子的时候就从尚健在的祖父那里感受到,尽管当时我并不知道他为何如此悲伤,如此冷漠,如此麻木,不知道他为何如此神秘。"(瓦克维茨/Wackwitz,2003:106)

并且持续躁动着的对未来否定的焦虑感"。（瓦克维茨/Wackwitz，2003：228）瓦克维茨在这里创造出了一种临界于幻想的历史情感代入模式。瓦克维茨试图追踪上述那些并未流传下来的家庭历史，用哈霍尔德·维尔茨（Harald Welzer）的专业术语来说，他将"家庭影集"与"历史词库"串连了起来（维尔茨/Welzer 等，2002）。那些当时人们没有看见或者不想看见的人，那些被驱逐的犹太人，那些被强迫的劳动者，那些身着条纹囚服的集中营俘虏，他们都作为幽灵回归到这部家庭小说中。主观家庭记忆与客观历史知识如今以其各自的方式传播着，而第二代、第三代的任务正是将这严格区分的两者结合起来。家庭小说这一文学类型就是不断以新的形式对回忆进行加工处理。

不过瓦克维茨的小说不仅仅建立起了"与上世纪的一些中心事件较为密切的联系"（从赫雷罗族起义，到奥斯维辛，再到鲁迪·杜奇克和学生反叛运动），而且将历史铺展得异常久远。他所描绘的瓦克维茨家族历史一直追溯到中世纪，其中一支后裔移民美国。叙述中意义深刻的是关于清教徒历史的一段描写。这段历史同样涵盖了被迫害的遭遇和迁徙运动以及继续活跃在德国唯心主义传统中的虔诚派关于未来的"内在视角"。德国民族主义学说的奠基人约翰·戈特利普·费希特（Johann Gottlieb Fichte）就具有这一传统。在他的民族主义宣言中，瓦克维茨也再次认识了祖父的某种信条："我并不清楚祖父是否了解费希特的《对德意志民族的演讲》。但费希特是认识我祖父的，在那本绿色的小书（指的是 Felix Meiner 出版社关于这一哲学理念的文章集）中费希特对他进行了这样的描述：安德雷亚斯·瓦克维茨所表现出来的德国人的那种个性，深刻、严谨、反抗、勇敢、天真、不可战胜，像城堡一样坚固，与所有的法国人、英国人和黑人完全不同。"（瓦克维茨/Wackwitz，2003：172）

　　立足于另一新教传统，瓦克维茨站在了费希特的对立面——这一传统同样与其家庭历史有所交集。奥斯维辛近郊安哈尔特城的那所牧师寓所，即他的祖父 20 世纪 20 年代任职以及他的父亲出生的地方，正是哲学家弗里德里希·施莱尔马赫 (Friedrich Schleiermacher) 曾经成长的地方。施莱尔马赫以他的阐释学反驳费希特言之凿凿的定论和神话根源——这是一种对文本和传统进行灵活且讽刺的阐释和重新阐释的艺术。瓦克维茨发现，对抗一种德国传统最有效的手段是另一种德国传统。借助施莱尔马赫的理论，瓦克维茨（就像借助理查德·罗蒂）能够驱散被强迫笼罩于身的民族主义的不祥幽魂。孙子这一具有驱邪效用的信条便是："人们必须在一段友善、持续、共同的叙述中不断重新发现自己和他人。"（瓦克维茨/Wackwitz，2003：182）

　　我们再次回到锁链这一主题。在弗洛伊德所描述的家庭传记中，精神病患者通过幻想自己经历他人的生平来试图摆脱自己的身份。这种梦想对作家瓦克维茨来说也不陌生，即他所谓的"我不是那个我"。他坦言，将人们从生活和个人角色中拯救出来，正是这句话中所隐含的极大幸事，因为人们被禁锢在这种生活和个人角色中。（瓦克维茨/Wackwitz，2003：187）瓦克维茨在这里所联系起来的并不是一个孩子脱离现实在想象中建立起来的虚幻梦境，而是两代人之间身份界限的模糊化。他认为，父亲和祖父的回忆"进入他的回忆中如此深的一个层面，可能致使所有的回忆和意识实际上在这一深处达到统一而不再有区别"。象征瓦克维茨这一抽象推论的并不是"锁链"的形象，而是通过"望远镜"所得到的画面。"研究代际的社会学家认为，父辈、子辈和孙辈的回忆和梦境就像伸缩望远镜的镜筒一样交叠在一起，也许确实没有谁的最内在的生活方式只是为了自己而存在。"（瓦克维茨/Wackwitz，2003：187，189）这一望远镜下的形象被心理分析专家用来描述跨代的创伤传播机制，而在瓦克维茨的笔下，它则转化成了幸运的一刻。他在这些表述中表达了对家庭榜样和延续男性基因的期待，而斯洛特代克认为这一点对于"六八年代"来说完全不可能。瓦克维茨认识到，对与血统绝对断裂的渴望是武断的，而否定的快感对个人身份的认同造成的是一种阻碍："祖父的幸免于难，他的基因和回忆通过我的父亲和我被传播给我的儿子，是一部与几代人休戚相关的历史。……只是面对这一休戚相关的历史，我以前不知该如何下手，即便是今日我也不知道该怎么办。于是我曾经试图去寻找新的联系，我当时所想的正是将身世归于这一联系。"（瓦克维茨/Wackwitz，2003:91）家庭世代的锁链对于瓦克维茨来说是模棱两可的：它既是诱惑又是恐惧；它既给人们划清界限的幻想，却又通过对隐藏着的联系进行繁复处理要求一种偿债。为了重新定义他在家庭历史中的地位，他必须首先悉心理清关于这段历史的消极潮流。意即将束缚人们的锁链转化成另一条锁链，沿着它那些生命攸关的能量能够从过去畅通无阻地通向未来。

结　语

"家庭史是世界史的对立史"，弗兰克·施尔玛赫（Frank Schirrmacher）2006年9月在为尤阿希姆·菲斯特（Joachim Fest）的悼词中如是说。[1]借助本章介绍的家庭小说我想对这句话稍作修改：家庭史是世界史中非常重要，但在很大程度上被低估的一部分，并且它打开了进入世界史的新通道。雷奥帕特和瓦克维茨的作品有很多共同之处。它们完成于与第二次世界大战越来越大的历史间隔中；它们不再从孩子们（或孙子们）的视角出发，而更多的是从此刻

---

[1]　《法兰克福汇报》第222期,2006年9月23日,39页。

已为人父母的作者本身出发。作为父母,他们重新在连接了家庭中几代人的较长锁链中发现自己,这一锁链亦是他们无法轻易逃脱的。阅读父亲和祖父的文字意味着:将自己置身于他们的境地;通过接受他人的视角,这里发生了一种情感的换位,一种在距离中的再次经历,因为这里经受的是他人与自我在认知和情感上的不一致。

这两部作品的主要区别之处就在于它们各自的写作方式。当小说涉及个人回忆时,雷奥帕特习惯使用一种讽刺简洁的风格;而以历史学家的身份进行描述时,她注重的则是细节的准确性。例如她复制出了父亲40年代在波兰的住址——这里曾是犹太人的住宅,并且提出这样的疑问,父亲是否关心过前任住户的下落和命运。她的分析一部分是试探性且存疑的,另一部分却十分清晰明了。[1]瓦克维茨的小说则完全不同,人们可以称之为"哥特小说"的新版本。他冗长随笔式的风格具有一种彻底狂热的文学色彩;我们所面对的这部作品并不仅仅是分析和反思,作者的写作还来自直觉和抽象演绎(这里为了避免使用"幻想"一词)。

雷奥帕特和瓦克维茨从不同的视角叙述历史;他们将发言权交给父亲和祖父,不仅仅是为了以一种情感换位的方式来阅读父辈们的文章,同时也是在批判性地拷问和深掘父辈们的叙述,填补其中的空白,并且打开观察那些未被涉及的战争牺牲者的视角。在父亲和祖父的形象中,他们同时描绘了"一战"和"二战"中一代人的轮廓特点。两人都是"带着未愈合的骨伤"幸免于战争,"却并未从中吸取任何教训"(雷奥帕特/Leupold,2004:138)。两人都背负着战争走过一生,而战争所释放出的"来自背景的辐射"也被传给了子辈和

---

[1]　她所节选的记录片段对于国家社会主义的内在分析是相当富有启发性的;此外她还有许多其他的个人理解和观察,例如"赎罪"和"共同责任"这两个概念源自于"报复",意即我方士兵受到袭击后对敌方阵列中的人群进行扫射。

孙辈。两部家庭小说都将我们带入直接毗邻奥斯维辛的上西里西亚地区：别尔斯科和安哈尔特。当年被驱逐到那里去的新教徒们在当地建立起了一个说德语的孤岛，这一孤岛后来成为腓特烈二世时代的殖民地，再后来成为哈布斯堡王朝的加利西亚地区。第一次世界大战后这一地区被划归为波兰管辖。鲁道夫·雷奥帕特在一篇文章中如是评论这一区域的历史发展："奥匈帝国灭亡了，一片庞大的曾受德意志影响的地区一夜之间改变了它的政治结构。梅梅尔（译注：前东普鲁士地区郊县）和西里西亚地区上演着类似的变化，波及的民众多达数百万。人们已习惯将自己归属于这个历经百年演变的族群，却突然发现自己处于一种权力被剥夺、生存遭到威胁的处境。"（雷奥帕特/Leupold，2004：198）

我们可以从"一四年代"以及这代人的重要经历——1918 年德国在"一战"中的失败——了解两位祖父的家庭历史。不过影响这代人的不仅仅是"一战"，而且还有殖民主义历史。对于两个家庭来说，波兰成为了"迟迟登上世界舞台的德意志帝国"（康拉德/Conrad，2006：29）的"殖民地替代品"。[①]研究 1900 年前后德意志兼并机制的塞巴斯蒂安·康拉德（Sebastian Conrad）认为，移民、全球合作和再领土化是民族主义得以巩固的缘由。19 世纪末国家扩充军事力量的症状之一就是，移居国外的国民不再被称为移民（Auswanderer），而是"旅居国外的德国人"（Auslandsdeutsche）——"虽然居于帝国地理界线之外，这些人仍应作为大德意志帝国的前哨，起到思想和文化

---

① 康拉德以一种极具启发性的观点对"作为想象共同体的国家"纷繁复杂的形式进行了完善。他明确说明，通过"域外德国性"的想象能够建立起"一种区域边界之外的后备民族共同体，凭借这一观念，德国人能够'臆想'自己是一个完整统一的民族。虽然这一想象的民族实际上相当零落散乱且绝不可能联系在一起，但它确实是一个文化想象整体的一部分"。（康拉德/Conrad，2006：234）

上的巩固作用。于是流散的德国共同体所栖居的地区……被阐释为'日耳曼化'的理想场所——这一描述并非针对当地人,而主要是指德国人自己。用'重振'和'复兴'这些词语来修饰国家在本土之外的地区,表现的正是对流亡和迁移语境下的'德国人'属性持久性的担忧。"(康拉德/Conrad,2006:30)

正是这一未雨绸缪的修辞手段,在 1918 年的领土划分之后突破层层界限,发挥了举足轻重的历史作用。德国人的"日耳曼化"从本质上来看完全从外部区域开始实现,即国外的德语区飞地以及东欧的德语区,这些地区被视为民族重振的"青春源泉"。国家社会主义的前史不仅仅可以追溯到费希特的演说,还有德国殖民史,包括开明统治者弗里德里希一世和约瑟夫二世的安定政策。安德雷亚斯·瓦克维茨的经历就是德国殖民政策在西南非洲的一部分的体现;第一次世界大战和卡普政变之后他先是寻觅到了安哈尔特的牧师一职。他的内心让步于那"无意识的欲望膨胀,等待着被占领和征服的东部领地的诱惑",以及那些"对中世纪先驱的追随"的向往。重新建立起来的欧洲秩序向他传递出一个清晰的信号,即德国是不会轻易放弃这些地区的。鲁道夫·雷奥帕特属于成长在波兰的德国少数群体,他经历的除了家庭持续遭受的侮辱和歧视,还有无法承受这种生活状况的(祖)父亲的自杀。作为对这一噩梦般的弱势群体经历的回应,父亲随后在汉斯·弗兰克(Hans Frank)领导下的波兰地区表现出极强的权力欲望。远离父亲的意识世界、深藏在东方某处的奥斯维辛,德国家庭历史其实并不如人们之前所认为的那么遥远。祖父瓦克维茨亲身经历了发生在奥斯维辛的各种事件,而鲁道夫·雷奥帕特的姐姐曾是该地政府机构的秘书。犹太大屠杀与家庭历史交错发生。此外,通过对家庭小说的了解人们也能够认识到,短暂的德国历史是如何嵌入较长或者漫长的德国历史中的,而这段较长或漫长的德国历史又是如何过渡到殖民史和世界史的。

雷奥帕特和瓦克维茨从家庭的视角出发书写历史，而这一尝试开创了一种新的有趣的文学形式：心态史。作者不仅以分析观察者的身份出现，同样也是家族机制的启动者和参与者，在这一机制中某种潮流经过几代人流向下一辈，而超越语言交流的持续传播也得以实现。从这一隐形的传播机制中产生出的一种链条式的联系，正是小说中的自我启蒙对象。两部小说都有一个很明显的心理治疗维度。这种传播是潜意识的，作者试图将一种彻底的无关联引向一种有意识的关联。"如果我能够续写，那么我将重写！"雷奥帕特在阅读父亲写于1944年的小说片段时如是说。父亲和祖父的文字当然无法再改写，然而面向未来的共同的家庭小说，是能够并且必须被不断地续写和重写的。理智、宽容、同情、愤怒和反抗，这些年轻人渴望获得的情感冲动被他们写进文字里，而这些情感在另一代人中曾是不可或缺的。他们通过将自己从家庭记忆中解救出来，重新定义自己在基因锁链中的位置。锁链的绝对断裂是一种空想。"人们不想作为被生育的人，而是亲自出现的人"，借用这句话雷奥帕特重述了"六八年代"经典的愿望。不过在小说的结尾她表达的却是相反的观点，即她回忆起，自己是如何作为父亲所生育的孩子——并且是早产儿被抚育和培养长大的。

对回忆的处理是一项跨越几代人的重大历史工程，其重要意义不仅在于这是一项保存痕迹和再想象的历史任务，它还将家庭史转换成了一种文学形式，即一部续写、重写的家庭史并且借此归还未来的小说。对过往的回忆和想象正是通过这样的方式介入未来和下一代人的生活。最后一点需要认识到的是，人是历史的一部分，而历史却可以由人以不同的方式继续讲述。

公共空间中的历史：作为记忆承载者的建筑

> 那些在我们这个世间同时存在的非同时之物，从来没有像今天这样如此数量众多。

——赫尔曼·吕博

英国艺术哲学家约翰·拉斯金（John Ruskin）曾经注意到，当我们考虑我们之后的几代人时，往往把后人的世界嵌入到了今人的种种项目计划之中。我们需要后人的世界来作为自己功绩的见证，如此一来这些功绩便可在光荣的记忆中留存；我们需要后人的世界来作为审判的法庭，如此一来我们今日所遭遇的不公便可有朝一日得到谴责与补偿。然而我们其实也应该——就如他在19世纪中叶时写到的那样——反观自省，来对我们今人之于后人的责任做一番思考：

"如果我们在实现目标时只考虑到我们这一时代，而将我们的后代忽视，那么我们并没有扮演好在这个世界上的角色。上帝将这个世界交托给了今世的我们，这是个伟大的赠予。但是这个赠予同样也属于我们的后世，他们的名字早已被写入了创世的典册之中。我们没有权利——不论是通过主动作为还是放任不顾——去给我们的后人增添损害，或是扣留下他们应得的财富，而这些财富是我们其实本来就应该交付给他们的。"（拉斯金/Ruskin，1849：第四章、第九

章和第十章，阿斯曼译）

这种想法在拉斯金的时代可谓曲高和寡，但如今却由于气候灾害和资源枯竭而广为流传。自从我们意识到自己其实是以牺牲后世为代价而获取生存的，我们便已经开始思考自身对于后代的责任。拉斯金在当时还并没有这样的忧虑，他所想的是我们有什么可以交托给我们的后代，所以他考虑的并不是自然，而是建筑。拉斯金认为，我们不该只为我们的时代而建造，也应该为将来的时代而建造，而有朝一日那个时代也将会因此感激我们。所以，按照拉斯金的想法，一座建筑物的最高价值并不在于砖石与贵重的材料，而在于它的年岁，在于它作为人类生活、创造与受难的历史见证这一特质。在那些历久长存的建筑的墙壁上，短暂的人生与历史的朝代如同波浪一般奔涌激荡；对于拉斯金而言，这些墙壁代表着一种存续，这种存续将"被遗忘的年代与未来时代联系在一起"，并以此在这个急速跃进、流光易逝的世界里维系一种延续性和认同感。

在这里，拉斯金表达了一种"历史可持续性"的诉求。19 世纪兴起的文物保护运动便发端于这一新的价值理念。今天对文物保护这一全社会使命的表述略有不同："尽管我们为了社会与经济的发展利益而不得不接受周围环境无可避免的改变，但有一种重要的社会关切却不应有变，即将那些历史的重要见证物继续本真地保留下去，以便让今人乃至后世得以对过往的历史做出自己的评判。"（舒尔茨/Schulze，2001:10）

历史并不是自古以来就被理所当然地认为拥有文化价值。"历史主义"的兴趣点在于过去本身，其自身最初的发端也不早于 18 世纪末期。与现代主义密切相关的"断裂与丧失之经历"——不管是缘起于政治，比如在法国大革命中，抑或是发端于科技，比如在工业革命中——都最终造成了对于过往历史浪漫怀旧的转向。据此，过往历史的典型便不在于希腊与罗马那永恒而不可摧毁的典范，而在于久经岁月的废墟形象与中世纪的哥特教堂。与拉斯金完全相同的是，我们曾提到的赫尔曼·吕博也强调："在城市景象的变迁消逝中，博物馆化实践的功效显而易见。在这样的实践中，那些承载着重新可辨识性以及身份认同的元素得以保全。"（吕博/Lübbe，1982：18）像吕博这样的现代化理论家认为，这种向过往历史情感上的转向其实是对于我们生活世界中那些熟悉场景消逝的一种补偿，而后者是随着社会快速发展而出现的。欧多·马奎德（Odo Marquard）也不约而同地写道："处于进步之中的现代世界需要一种特殊形式的补偿，这便是文物保护文化与记忆文化的发展。"对马奎德而言，保护之人（homo conservator）是与创造之人（homo faber）面貌极相似的人。当后者因其激进行为而带来令人痛苦的后果时，前者便出场取而代之，从而在一定程度上消减由这种行为而造成的痛苦后果。①

当然有一点毋庸置疑，那便是随着居住者的变化，城市自身也处于不停的变化之中，因为城市的形象本来就是、也必须是在动态中不断变迁的，所以建筑家们所代表的更多是一种改变而非保护的准则，同时他们也更多地主张"可改变的城市"（罗斯/Rossi 1973）。②我之所以提出"作为记忆承载者的建筑"这一议题，就是要着手研究这个特殊的问题，并集中分析几个有关建筑保护与更新之间冲突的案例。我在这里所讨论的内容事关"拆除还是保护？"这

---

① 这一表述于 1997 年在波恩联邦德国历史博物馆一场以"淘汰的时代与记忆的文化"为主题的学术讨论会上提出，以庆贺当时德国联邦交通、建筑及都市事务部前部长奥斯卡·施耐德（Oscar Schneider）的七十寿辰。

② 关于"可改变的城市（convertible city）"这一概念可参见以下书本的目录：Armand Grüntuch & Almut Ernst（Hgg.）：convertible city. Formen der Verdichtung und Entgrenzung. Deutscher Pavillon der 10. internationalen Architekturbiennale Venedig, 2006.（《可改变的城市：密集化与去界化的形式——2006 年第十届威尼斯国际建筑双年展之德国馆》）。

一紧迫的问题，在这其中公众也参与到了专业人士的规划设计，以及关于记忆中的历史该如何得到具体的实现这一话题的讨论之中。每一代人对于过去、现在和未来的需求都必须在空间中进行重新的考量与安排，而创造之人（homo faber，或者经济之人，homo oeconomicus）与保护之人（homo conservator）之间的冲突也必须时时得到新的协调与解决。在这里，对于变革与现代化的强大欲求和与此截然相反的保护历史的迫切渴望充满了辩证的纠葛。

文物保护的实践总是涉及对文物的甄别舍取，因而完全可以把它与将文本经典化的过程相类比（这一过程同时也可被视为文物保护实践的先驱）。将文本列入经典意味着这些文本得到了"封圣"，其存在被宣告为不可侵犯。古典时期的封圣法则有云："你们不应调换，不应添加，也不应去除。"这一法则也可以推广到文物古迹的保护上。德国社会学家卡尔·西格伯特·勒贝格（Karl Siegbert Rehberg）曾在德意志卫生博物馆一场以"神话·德累斯顿"为主题的展览的开幕词中引用例子指出，这一蕴含了文物保护要旨的封圣法则不仅有助于历史古迹的传承，更能够被各地方政府贯彻到实政之中。①德国艺术家安德雷亚斯·希克曼（Andreas Siekmann）曾经在德累斯顿奥古斯特二世的金色骑士像周围设计了环绕其一圈的旋转木马装置，但这一设计被当地的城市管理部门所拒绝。政府部门的拒绝函件上写着："金色骑士的形象是巴洛克时代侯爵权力的政治诠释，完全不需要在其近旁、上方及其周围添加任何附属建筑"，如若进行添建，那雕塑的形象便会遭受"改变、损害与局部的扭曲，而它原先所要传达的内容也会被剥夺"。人们认为"没有必要为强力王

---

① 雷伯格（Rehberg）在德累斯顿工业大学欧洲博士研究生项目的框架之下主持题为"权力的形象"的研究工作。本文所引用的开幕词来源于劳尔夫/Raulff（2006）。

奥古斯特的骑士雕像定义与传统和艺术的文物价值不相一致的新价值"。也就是说，艺术装置对雕像基座的遮蔽将会"歪曲雕像本身的形体所传递的内容"。而这样一来"就好像侯爵的权力与地位在其原有和引申的意义上都被剥夺了一样"。

　　在文物保护意识的历史中，评判是否有价值进行保护的标准也发生了多次变化。在 19 世纪，优美如画般的形象与诸如"富有诗情画意""氛围动人"的美学标准曾扮演过重要角色，而从 20 世纪起，"历史本真性"这一标准以及建筑本体的存在则显得日益重要。作为普鲁士古典主义建筑的缔造者、同时也是普鲁士文物保护之父的申克尔（Schinkel）曾经为了找寻那些具有保护价值的历史建筑而游历全国。在此期间，他发现了比如位于德国肖林（Chorin）和莱宁（Lehnin）的古老修道院。作为一名画家，申克尔完全从绘画的标准出发，于是他提出要将位于科隆大教堂周围的包括哥特风格的圣安娜教堂在内的建筑拆除，从而使得科隆大教堂的整体形象显得更加宏伟崇高（毕思平／Bisping 2003）。作为"富有诗情画意"这一标准的最新代表，则是最近才被联合国教科文组织列入世界文化遗产名录的罗蕾莱山岩所在的莱茵河中上游河谷，这一时常出现在邮票之中的景观总能引起我们的翩翩回忆。如今我们对于建筑物保护的要求正在不断提高，从原先对单体建筑的保护扩展到对建筑群的保护，最后又到所谓的"文物古迹区"，而"文物古迹区"的保护也越来越强调要包括那些并无建筑立于其上的周边环境。在下文中我将就建筑与历史意识之间的关系进行深入探究，我将关注的问题是：在我们所生活的建筑环境之中还有多少历史过往仍保有现实的存在？ 我将把探讨的范围限定在 1945 年到今天的这一时间段中，而我关注的焦点便是波恩和柏林这两座城市。

重建与新家园

我本人曾长期居住在未曾遭受战争摧毁的海德堡与康斯坦茨这
两座城市,而对德国许多其他地方,尤其是鲁尔区而言,战争则意味
着一切将重新从零开始。教堂的钟塔倒塌了,富丽堂皇的建筑被摧
毁了,成排的民居被夷为平地。这场战争因德国人而起,而战火最终
也重回德国。在地毯式轰炸中,城市满目疮痍、百孔千疮,昔日的如
画美景都未能幸免地成了残垣废墟。在战后的那个年代,人们并未
在愤怒抑或悲伤中回顾流连,因为那时一切只为存活。不论是在东
德还是西德,所有的一切都指向未来。"战后现代主义"在东、西德
以同等的规模扩展开来。无论是在东边还是西边,清除废墟瓦砾、以
最快的速度将被炸毁的城区改建成居民区,都是当时最紧要的任
务。与此同时,拆旧建新的思潮也同样广泛流传。有些建筑尽管在战
争中未被摧毁,但也面临着被拆除的危险。建设四通八达、便利行车
的城市成为了当时的共识。[1]此外,经济的发展与繁荣也对文物保护
产生了破坏。一直到 20 世纪 70 年代,各个旧城的改造都并不重视对
遗存的保护,这一点便是明证。战后年代最为盛行的口号是"重
建",然而这并不意味着一切从零开始,因为这场重建——正如建筑
史学家向我们所承诺的——仍旧掌握在"当年的实践者"手中(佩
琪/Petsch,1983:45,47,48 等; 参照杜尔特/Durth,1992)。早在

---

[1]   曾在两德统一前在东德就任建筑师的布鲁诺·弗列尔(Bruno Flierl)在一篇文章中提到,作为新
       的理想的社会主义是如何通过城市规划而获得成功的。当时为了得到新城发展所需要的土地,
       有时候会将包括教堂在内的整个老城区拆除。"在曾经的东德,城市建设就是国家政策"(马库斯
       &斯陶芬比尔/Marcuse&Staufenbiel,1991)。在这里我要感谢乔安娜·伯恩卡姆(Johanna
       Bornkamm)为本章写作所提出的建议,是她将关于德累斯顿圣母教堂重建、新集市广场建设规
       划以及批判性重建的手稿提供给了我。

东、西德的战后现代主义建筑　图/文：乔安娜·伯恩卡姆（Johanna Bornkamm）

"德国城市还尚未沦为残墟瓦砾"的 1943 年 10 月，施佩尔（Speer）领导下的帝国武器装备部便已经开始着手战后的重建工作。施佩尔麾下的建筑师对于战后将要付诸实行的住宅建设项目与交通规划都进行了准备，而这些项目与规划一时也被评价为"第二次毁灭"（莱西哈尔特 & 舍谢/Reichhardt & Schäche，2001:46 - 48）。

　　一切从零开始，对民众而言是充满悲情和苦难的，但对建筑师而言，这也是一个带来全新视野的巨大契机。没有了"历史的累赘"，建筑师就可以将新的理念付诸实际。汉斯·夏隆（Hans Scharoun）在 1946 年的一次演讲中如此描绘在规划师眼前所展现的宏大机遇："轰炸与决战机械地瓦解了城市，这给我们提供了大规模对城市进行机体与功能上更新的机会。"（引自盖斯特 & 柯伟思/Geist & Küvers，1989:236）"重建"一词是具有争议的，因为它不仅意味着规划的延续性，而且也意味着迅速的修复和补救。这样一来，德国历史中的绝对低谷便对我们现代人变得无足轻重并且被隐藏起来了。当时也有一批建筑师对于"重建"一词提出了反对。汉斯·石伟博特（Hans Schwippert）便是其中的代表。1944 年美军委托他负责重建，他对于当时盛行的"重建"进行了抨击，因为这种做法阻碍了真正的"建设"。他认为德国人当时所面临的问题并不仅仅依靠石头和灰浆便可解决："我们需要清障部队和建筑人员清理的是三片废墟：不仅城市的废墟，而且心灵的废墟和精神的废墟也需要得到清理。"（引自冯·拜梅/v. Beyme，1998:211）

　　"重建"一词在战后现代主义中并不仅仅指各种建设工程，它也意味着包括基础设施、经济与政治机构在内的整个国家功能体系的修复。1945 年之后，建筑成为当时整个国家与社会的主旋律，而国家和社会的重新起步也主要最先反映在建筑史上。战后居于中心地位的建筑形式包括私人住宅、房屋和居民区。1953 年，康拉德·阿登纳（Konrad Adenauer）在他的政府声明中宣布:"在（联邦德国的）最初四年中,有近七百万德国人又重新住进了自己的住宅和房屋之中,他们当中很大一部分都在战争中经历了驱逐、轰炸与疏散。"①

　　1953 年建成了 450000 多座新住宅,在接下来的几年中,预计又将有 50 多万的新住宅完工。除了"重建"之外,当时的另一大关键词便是"新家园"。以此为名的房屋建筑互助协会不仅唤起了人们对家园进行建设、翻新的意志,同时也对于上百万背井离乡、需要收容与归宿的难民们有着巨大的号召力。在纳粹时期,"血与土"这一思想曾根植于乡间生活式的"家园"图景之中,而在战后的重建大潮中,"血与土"的印迹被清除,"家园"从此以后则成为了在松散绿化的小城市中居住的代名词（佩琪/Petsch,1983:56）。有机分层的社会演变成了"差距拉平的中产阶层社会"（谢尔斯基/Schelsky）,而这一社会形态也已在新经济时代日益扩大的贫富差距中成为过去。私人房屋是 20 世纪 50 年代"家园保护风格"的代表,而同时它也成为诸如行列式住宅、行政用房等其他建筑形式的原型样板。私人房屋的象征性意味也在于,它是作为东德集体主义——社会主义乌托邦理想的对立面而存在的。民主化不仅仅体现在更多可能的个性化上,在这一进程中——也是在克虏伯公共课的框架下值得一提的是

---

① 《重建中的德国》。1953 年联邦政府工作报告:据 1950 年 8 月的人口统计,联邦德国有 800 万左右的难民和被驱逐者,占人口总数的 16.5%,一些农业占主导的联邦州甚至接收了占其人口总数 21%（巴伐利亚州）至 33%（石勒苏益格—荷尔斯泰因州）的难民。于是为这些背井离乡的难民建造住宅便成了战后一大紧迫任务。由联邦政府主持、基于自愿的迁居计划和个人自行组织的迁移使得这些难民得以重新开始新的生活,另外,来源于马歇尔计划、受损财产赔偿政策、居民住宅建设以及所谓的紧急救助法案的资金,再加上民众的互助自救,也对新房屋住宅的建设起到了积极作用。(来源于德意志历史博物馆网站:http://www.dhm.de/ausstellungen/flucht-vertreibung/gliederung.html.2007 年 6 月 22 日)

（克虏伯公司在 1945 年前是世界最大的军火生产商）——"公民因
其私人建筑需要又重新获得了对于诸如钢铁和混凝土之类的建筑材
料的支配权利，而这些材料在'第三帝国'时期全被用于以战争为目
的的生产"。(佩琪/Petsch，1983:57)

　　20 世纪 50 年代的修复时期过后，社会日益繁荣，随之便进入了
工业化的消费社会时期。蓬勃发展的经济首先体现在 60 年代对于城
市中心的革新上，许多城市的市中心被改建成了拥有步行区的购物
中心。这样一来，历史城区便不得不去迎合全新的"城市的需求"，
而在这些需求中，购物消费成为主要内容。这个时期，具有纪念和代
表意义的宏伟建筑普遍遭到拒斥，取而代之的是市中心的购物商
场——这一发展趋势却与东德截然相反。如今，人们对于"战后现代
化"的评价相当一致。一位政治学学者如是写道："从吕贝克到奥格
斯堡，市中心的购物商场伸展开如珊瑚虫一般的触手深入遍体鳞伤
的城市的中心。"(冯·拜梅/v. Beyme，1998:153) 早在 20 世纪 70
年代，批评者中就已经有人针对大量的功能性建筑提出过警告，因
为这些房屋忽视了老城的建筑艺术环境，而一旦具有历史象征意义
的建筑遭到破坏，历史建筑的整体环境便会遭受损失。有许多这样
的商店建筑都是清一色的网格立面，而其原有的立面样式则大多已
不复存在，因此如今有人争取把这些"毁灭历史"的建筑也列入文物
保护的范围之中。

　　战后时期，对有保护价值乃至神圣不可侵犯的建筑的关注是逐
渐产生的。从一些材料中可以看出，自 20 世纪 70 年代起，对保护环
境历史性的吁求就开始不断加强。1975 年被定为"文物保护年"；
1980 年，北莱茵—威斯特法伦州通过了文物保护法；从 90 年代起，
民众的文物保护意识也大幅度地提高，文物保护成为地方和社会政

治领域经常讨论的重要议题之一。70年代出现了一些历史建筑学的理论,然而这些理论的关注点仅限于建筑的立面和视觉效果,并不致力于保存建筑本体的原真性。在这一时期,成排建于德国经济创建年代(19世纪50—70年代)的建筑仍然会被毫不犹豫地拆除,在旧居民区中时常会建起属于各大经济巨头的巨型建筑。1973年的一份建筑师声明将这种发展形势总结如下:"我们的建筑环境一天比一天更加丑陋,更加无趣,更加令人沮丧。建筑群和立面单调无趣,街道毫无个性,而城市也是千城一面,这一切所带来的不适感观日甚一日,这同时也意味着,我们环境的非人性和我们与此抗争的绝望情绪也正同样地日甚一日。"①

柏林夏洛腾堡街边的一排建筑

---

① 佩琪/Petsch 1983:184;亦可参见米切李希/Mitscherlich(1965)和克雷伯格/Kleeberg(1998:28):"在德国我最痛恨的东西,便是丑陋。相比这个国家黑暗的过去和所有对信仰狂热偏激的崇奉者,最让我感到惊恐不已的,便是城市与乡村的丑陋不堪。"

20 世纪五六十年代的重建与毫无历史感的环境也是文学中的主题。在这里我想以汉斯-乌尔里希·特莱歇尔的一部小说作为例子。小说的作者 1952 年生于奥斯特威斯特法伦一户从波兰逃亡而来的家庭中。他在一篇作家自传式文章中如是写道："如果从个体心理的角度来看，战后经济的重新起飞往往意味着频繁而剧烈的拆除工作。"(特莱歇尔/Treichel，2000：24) 1998 年，他发表了名为《那个遗失的人》的家庭小说。在该小说中，他选取了一个家庭秘密或者说是家庭不幸作为题材。小说题目"那个遗失的人"指的是他的哥哥，而作者自己一直到 1991 年他母亲去世之前才了解关于他哥哥的详细情况。当时他的父母在逃亡途中差点被俄军枪杀，他们迫不得已将所有的财物——包括他生于 1943 年的哥哥君特——留在了一辆马车之上，才能够虎口逃生[①]。在特莱歇尔的小说中，心灵的创伤与愧疚的负罪感，记忆的销毁与重建，互相交织，密不可分：

> 母亲越是因深陷记忆的苦痛而发愣呆滞，父亲就越是显得精力充沛。他经历了两次世界大战，在战争中又失去过两次家园。当他在战争结束后两手空空回到奥斯特威斯特法伦之后，他又第三次白手起家，开始了新的生活。他本可以平平安安地生活，但那时并没有和平。他改建了房子。……他的改建是如此得彻底，以至于新房子与原先的老房子完全两样，没有半点相似之处。(特莱歇尔/Treichel，1998：45)

当父亲温饱自足之后，他又把自己那家杂货店改成了一家大肉

---

① 特莱歇尔父母于 20 世纪 50 年代末在一则寻人启事中增写了一份证明，文中所介绍的信息即来源于此。参见特莱歇尔/Treichel (2000：25)。

铺。这一改变也包括了房屋的改建。特莱歇尔在小说中对这一改建
的描述可以看作是对于 50 年代建筑与经济上重建现象的一种带着嘲
讽的比喻：

> 这座木桁架房屋曾经是当地的邮政收发室，如今它的内
> 部被彻底拆除改造。房子的墙壁一直到梁架的部分都被凿
> 空，秸秆和黏土的填充物都被丢弃，其中也包括一部分的屋
> 梁。房子改用钢梁来支撑，同时被刷上了平滑的灰泥。……这
> 场改建夺走了我儿时的迷宫，曲折的走道变成了直线，整座
> 迷宫都被掏空，都被照得通亮。那些隐匿的角落，那些壁龛，还
> 有那长长的走道都消失不见了，连同那些壁橱、套间房门，还有
> 让人不期而遇的楼梯平台。(特莱歇尔/Treichel,1998:46 等)

这场改建不仅涉及了房子，周围的环境也受到了牵连。为了新
建一座食品冷藏库，那些附属建筑就必须被拆除，而院子也要改建。

> 这些附属建筑原先是邮政收发室的马厩、洗衣房和工具
> 室，那上面还有一个鸽棚。父亲把这已经有些倾倒的老房子
> 称作是"波兰小店"。但早先父亲还是把它原样留了下来，可
> 能是因为这房子让他想起了曾经在波兰务农的日子。……所
> 有这一切都在一周之内被夷为平地。先是鸽子都被杀掉了，
> 然后马厩、工具室和洗衣房都被拆除了。……之后还不到三
> 个月，一座仓库便在原地出现了，上面刷了深蓝色的漆，还配
> 有带旋转盘的密闭门，那门一开，里面的冷气便会漏出来，而
> 就在这个地方，曾经存放过马的挽具，烧过洗涤用的煮锅，也
> 就在这个地方，我们在锌制的浴盆里洗过澡。这项投资总归

有了回报,冷库使得父亲将其竞争对手远远甩开。(特莱歇尔/Treichel,1998:76-79)

伴随着对于经济与未来的追求的是对于过去和记忆、秘密和历险的抹消。分层存封于此的历史被拆除,而让位于一座合乎卫生标准的功能建筑。颇为讽刺的是,这一建筑正是被用来封存物品的。为了让生肉持久保鲜,历史的痕迹就必须消失。社会经济的向前发展是以自身既往历史的损失为代价的,而当这郁结已久的家庭创伤被麻醉的时候,人们便会十分乐意将这些损失一笔勾销。

波恩:临都的博物化

如果一件物品特别古老,或者能以它的形体给人留下印象,我们便把它视为有历史的。除此之外,如果一件物品已经失去了功能,且因此属于一个永久逝去的年代,我们也可以认为它是有历史的。后一类文物除了像鲁尔矿区这样的工业遗址之外还有波恩的政府机构区。也正是在针对波恩政府机构区的存废问题上,保护之人与创造之人、经济之人间爆发了一场论争,而双方的代表便分别是文物保护者和当地市长与市议会。由于市政府要实施一批新的建设工程,波恩老政府机构区的一些重要部分便由此受到了拆除的威胁。文物保护者认为,对文物的保护,其实就是对"历史见证的维护",另外更要提到的是,历史并不总是美好的。位于政府机构区的受保护建筑并没有什么特别,一切都是以较少的投资和较朴素的风格建设起来的①,因此这一地区与其他城区相比并没有什么区别,就其建

---

① 波恩第一阶段的扩建工程仅耗资 3 亿 6800 万马克(参见 Beyne,211)。

筑和布局来看也没有任何与众不同之处。那么又是什么使得它成了
具有保护价值的文物呢？ 唯一的原因便是波恩政府机构区的历史见
证价值。它是西德民主政治五十年成长的见证，因此也可被看作独
一无二的政治与历史的舞台，或是一张"民主的形势图"，又或是一
片光芒之地，再或是一处全球独一无二的遗产。总的来说，它是"世
界政治区域中最为奇特的一座首都"①。

位于莱茵河畔的波恩曾经是科隆选帝侯的首都，在"二战"结束
后，至少70％的城区都被摧毁。因此，波恩其实也是德国战后重建
时期的一个历史缩影。波恩重建所遵循的原则"和其他地方一样，即
快速、经济和朴素"。共和国开端的物化形式便是"临时板房"或装
配式建筑，这些房屋在1949年至1950年间用预先制成的部件以快速
混搭的方式建成，设计使用年限为15年，如今仍有三座这样的建筑
留存于世。它们原先都是"政府临时用房"，记录了当年波恩作为联
邦政府临时驻地的成长过程。比如位于原权力中心联邦参议院对面
的"德国最有名的报刊亭"如今便位于受到拆除威胁的残余房屋之
列，而差不多50年以来这座报刊亭一直都是家庭企业。文物保护者
认为，将该报刊亭迁移其实是于事无补；因为"只有在原址上，也就
是在'高楼'对面，这座建筑作为唯一仅存的孤本才有其见证历史的
价值"。这些建筑朴实无华、低调内敛与权且应急的风格并不仅仅是
因为当时的困窘与紧迫，更是有意而为之的。一方面，当时德国禁止
建设任何高调恢宏的建筑，这被视为禁忌。波恩建筑师汉斯·石伟
博特便是这种新的简朴风格的支持者。他评价德国联邦议院大会堂

---

① 引自 Denkmalbereiche. Chancen und Perspektiven. Vortragstexte der Tagung am 13. September
2000 im Haus der Geschichte Bonn, Mitteilungen aus dem Rheinischen Amt für Denkmalpflege,
Heft 12，Köln 2001，27.《文物古迹区:机遇与视角——2000 年 9 月 13 日波恩历史博物馆大
会报告文稿与莱茵兰文物保护局通告》第 12 辑）。

的内部装饰"完全没有过去高调堂皇的风格,所有设备都简洁朴素,一目了然"(石伟博特/Schwippert,1951:70)。

另一方面,在20世纪50年代人们把计划视为仇敌,因为它是独裁政权的特点(佩琪/Petsch,1983:200)。实际上,希特勒狂妄自大的建设计划与波恩政府机构区的建筑理念间的差异之大,令人无法想象,前者由希特勒和他的首席建筑师施佩尔设计制定并得到部分的贯彻实现(我在下文中还会再次提及),而后者则以实用、简朴、低调和内敛为信条。从各个方面看,波恩政府机构区的建筑风格都代表了波恩作为临时首都的地位。因此20世纪五六十年代颇为典型的"历史虚无风格"便成了波恩作为首都最突出的特征。(但这当然不意味着,这座曾经的选帝侯首都是没有历史可言的!)而与此相矛盾的是,当1991年决定迁都柏林、再到1999年迁都完成之后,看似无历史感的波恩又重新成为一座有历史纪念意义的城市。当然,波恩的历史意义是否能够以此而得到承认,这还有待讨论。当波恩正进行大规模城市改造的时候,文物保护者要使自己的呼声为社会所知却并非易事,因为在波恩,新经济时代也已来临。在这里,城市的建设并不仅限于电信大厦与新世贸中心。作为北莱茵—威斯特法伦州的最高办公楼,邮政大厦已于2000年奠基。这一建筑比原联邦议会大厦还高出三分之一,由此也将取代它而成为城市的地标。波恩正前进在改变自己的城市风貌与形象的道路上,因为对历史风貌造成干扰和摧毁的,不仅是拆除这一行为,增建也会造成这一后果。

柏林:羊皮纸城市

波恩如今正要把自己打造成一座历史之城与露天博物馆,而从各个方面来看,它曾经的风貌其实都与一座本该充满传统、激情、威严与历史的首都截然相反。但是现在,在经历了五十年的低迷和禁锢之后,柏林将要重现所有这一切的荣光。当波恩放弃作为国家形象代表的时候,柏林重塑一国之都的建设正蓬勃开展。国家并不仅仅需要被想象出来,它更需要被展现出来,比如通过思想、神话、故事、象征,当然也要通过国家新首都的建筑。柏林与波恩这两座城市及其周围地区的建筑无与伦比地生动展现了德国人历史意识的变迁以及对过往历史的日益关注。

当我们谈及柏林的时候,眼前便会浮现出一幕几经兴废变迁的城市形象。它就好像一张羊皮纸上新旧相叠的文字记录一样,中世纪的僧侣们将这名贵纸张上的文字小心地刮去,从而在上面记录下新的内容。而通过使用适合的药剂,被去除的内容便会在覆盖于其上的文字之下重新显现。就像地质分层是一个地理学的隐喻一样,这羊皮纸上新旧相叠的文字则是一种语文学上的隐喻。城市其实就是一种三维的羊皮纸文字:在一定的区域内,循环往复地改变、覆盖与沉积,造成了历史本身的层层相叠。在这里我们也可以使用莱恩哈特·科塞雷克的说法,即"年代的层次"。"非共时的共时性",这一说法不仅适用于生活在同一时代而分别属于不同年代的人,而且也适用于存留于当代却建于不同年代层次的城市建筑。尽管城市空间中的一切事物都同时存在着,但这却并不意味着,我们将同一时刻分别感知这所有年代层的事物并且它们又会同时印入我们的意识当中。波兰裔美国籍作家切斯拉夫·米沃什(Czesław Miłosz)列举了哥尼斯堡(Königsberg)、弗罗茨瓦夫(Breslau)和他的家乡维尔纽斯(Wilna)等城市,以此来强调人们对于年代层次的选择性感知:"比方说生活在但泽的波兰人就会经常遇见德国的文化,因为德国文化在这座城市已经沉淀了好几个世纪之久,在每一个建筑的细节上都留下了印迹。"但是直到波兰的共产主义政权瓦解之后,他才会在一定程度上愿意去承认这种层累的历史。"那些因为生于斯长于斯而将自己视为但泽人或者弗罗茨瓦夫人的波兰人,似乎对于历史的遗产更怀有敬意。而这些遗产则要归功于世世代代的德国人。"像但泽或是维尔纽斯这样的城市,历史上不同的文化与民族如同那羊皮纸上新旧相叠的文字一般层层堆积,历经了政治体制和国家的迅速变迁,在这里米沃什认为,如今生活在这些城市的人们面临着这样一个问题——这里他特别使用了"锁链"这一象征——"人们如何才能把这些历史的遗产看作自己的? 人们又如何才能使自己融入这座城市世代承袭的锁链之中?"(米沃什/Miłosz,2001:53-55)

就像米沃什把城市描述为羊皮纸一样,塞尔维亚建筑师兼艺术家波格丹·波格丹诺维奇(Bogdan Bogdanovic)把城市定义为"收藏记忆的仓库"。在他的著作《城市与死亡》中,这位建筑师写到了"现代野蛮人"对于摧毁历史城区的狂热。面对着代表过往历史和文化层次的那些纷繁复杂、永不枯竭的形体语言,这些"现代野蛮人"感到害怕与恐慌,因为他们对这些语言既一无所知,又无力掌控。空间化的历史具有一种结构,而这种结构正是在文化残迹的叠加与沉积中"有机生成"的,比如巴尔干半岛,那里的各种文化与民族"互相渗透共存有着长达上千年的历史"(波格丹诺维奇/Bogdanovic,1993:42-44)。民族主义城市毁灭者的目标便是,消灭这种错综复杂的历史,从而让自身的历史取得绝对的地位。而要实现这一目标,就需要进行彻底的大拆大建。柏林就曾蒙受了阿尔伯特·施佩尔狂妄自大的城市规划之垂青,当年施佩尔全权负责将希特勒和他对柏林的规划构想加以实现,并且是以专断野蛮的暴力手段。依据他们的规划,富有深厚历史底蕴的主城区将被改建成炫耀政治权力的舞台。为了满足庞大阅兵式和通视轴线的需要,城市风貌被宽阔的大道切割肢解而沦为中空;而超大体量的建筑则应当展现出纳粹政权

"磅礴无穷的活力与决心",召唤起伟大与崇高的情感(莱西哈尔特
& 舍谢/Reichhardt & Schäche,2001:34)。

施佩尔神话式的日耳曼之梦与历史上柏林几经沉浮兴废的命运
形成了鲜明的对比。(如果我的计算无误的话)曾经共有 8 个前后更
迭的政权在今日的柏林建都,它们分别是:

(1) 勃兰登堡边疆伯爵选帝侯国,12—17 世纪;

(2) 普鲁士王国,1701—1871 年;

(3) 德意志帝国,1871—1918 年;

(4) 德意志自由社会主义共和国,1918 年 11 月 9 日;

(5) 魏玛共和国,1919 年 8 月 19 日—1933 年;

(6) 第三帝国,1933—1945 年;

(7) 德意志民主共和国,1949—1990 年;

(8) 统一后的德意志联邦共和国,1990 年至今。

时至今日,仍有许多街道和广场的名字在告诉我们这些过
往的历史:西柏林的阿斯卡尼亚广场 (Askanierplatz) 和霍亨佐
伦街 (Hohenzollerndamm) 代表着选帝侯时期的历史;弗里德里
希大街 (Friedrichstraße) 火车站和路易斯广场 (Luisenplatz) 的
命名则来源于普鲁士王国时期;德意志第二帝国时期的地名代表
有国王大街 (Kaiserdamm)、威廉皇帝纪念教堂 (Kaiser-Wilhelm-
Gedächtniskirche) 和俾斯麦大街 (Bismarckstraße);罗莎 · 卢森堡
广场 (Rosa-Luxemburg-Platz) 和卡尔 · 李卜克内西大街 (Karl-
Liebknecht-Straße) 是社会主义共和国时期的印迹;代表魏玛共和国
的地名有卡尔 · 艾伯特大街 (Karl-Ebert-Straße) 和施特雷泽曼大街
(Stresemannstraße);至于反映第三帝国时期的地名我并没有找
到;反映东德时期的有斯大林大道 (Stalinallee),1961 年之后又改

名为卡尔·马克思大道（Karl-Marx-Allee）；最后体现了两德统一的地名有玛莲娜·迪特里茜广场（Marlene-Dietrich-Platz）和佩特拉·凯利大街（Petra-Kelly-Straße）。

街道名称的有趣之处并不仅仅在于它们体现了不同的历史时期，更在于街道名称的历史沿革，而这一点与羊皮纸上新旧相叠、层层堆积的文字有着异曲同工之妙。举例来说，比如 1925 年以社会民主党政治家弗里德里希·艾伯特（Friedrich Ebert）命名的街道便历经了如下的历史沿革：

兵营大街（Kasernenstraße），约 1767—1859 年；

学校花园大街（Schulgartenstraße），1831—1867 年；

勃兰登堡连接道（Brandenburgische Kommunikation），1845—1867 年；

夏日大街（Sommerstraße），1859—1925 年；

国王堡大街（Königgrätzer Straße），1867—1915 年；

布达佩斯大街（Budapester Straße），1915—1925 年；

艾伯特大街（Ebertstraße），1925—1933 年；

赫尔曼·戈林大街（Hermann-Göring-Straße），1933—1945 年；

艾伯特大街（Ebertstraße），1947 年。

每一次政权更迭都会带来重新的命名，通过这样的重新命名，取得统治地位的今人对既往分层的历史做出改写与修正。历史的异质印迹应当得到尽可能的统一。"对街道的命名"，迪特·西蒙（Dieter Simon）写道："成为政治上的胜利者所最为重视的战利品。比如在我度过青年时代的那个小城里，巴黎大街（Pariser Straße）一夜之间便成了施拉格特大街（译注：以纳粹党冲锋队领导人弗里德里希·施拉格特 Friedrich Schlageter 命名的），而那条通过火车站的车站路突然之间便从原来那个无趣乏味的名字改成了神气活现的冲锋队大街。然而十二年后,法国首都的名称却又再次受到了人们的欢迎。"(西蒙/Simon,1997:25)四十年的东德统治结束后,尤其在柏林,很多街道都急需改回原名,而这一过程,正如西蒙所注意到的那样,犹如一场极端彻底的驱邪活动一般。从 1951 年至 1995 年,洪堡大学的地址都是克拉拉·蔡特金大街(Clara-Zetkin-Straße),因为这一命名是用来纪念这位社会主义妇女运动的先驱人物的。但 1995 年人们决定将该街道改回 1822 年至 1951 年时的原名,即多罗特娅大街(Dorotheenstraße)。这样一来,这位社会主义自由女战士便不得不让位给 17 世纪的勃兰登堡选帝侯夫人:具有时代特征的较近的历史反倒被那要久远得多的历史所"吞没"。当然,与此完全相反的改名也是有据可查的。2004 年,在德国全国性报纸《日报》的建议下,自 1734 年便被命名为厨师大街(Kochstraße)的其中一段被改名为鲁迪·德迟克大街(Rudi-Dutschke-Straße)。(译注:鲁迪·德迟克是德国马克思主义社会学家和 60 年代学生运动代言人之一,也是施斯普林格创办的《图片报》命名的敌人。现在,《图片报》为欧洲发行量最大的报纸)因为十年前椴树大街(Lindenstraße)的北段就已经被改名为阿克塞尔·施斯普林格大街(Axel-Springer-Straße,译注:这条街道以德国著名的报纸出版商阿克塞尔·施斯普林格命名),那么这样一来,鲁迪·德迟克和阿克塞尔·施斯普林格就在两条路的交叉口相遇了,而这便是一个历史"空间化"的绝佳案例。在施斯普林格创立的出版公司附近,曾发生过大规模的暴动,抗议的学生将燃烧瓶和石块投向空中,而如今鲁迪·德迟克大街和阿克塞尔·施斯普林格大街的两块路牌却彼此都十分和气地并排立在路边。

名字轻轻一笔便可更改,古迹可以拆除(比如列宁塑像)或者改作他用(比如新岗哨)(译注:新岗哨原为普鲁士王储所属部队所在地,今天是德意志联邦共和国战争与暴政牺牲者纪念馆),而建筑则对于其象征意义的重编改写具有强烈的反抗特性。建筑当然可以被拆除或者加以增建,但它们自身的印迹却并非可以轻易删去。战后人们不再愿意回忆的那些过往,也正体现了柏林几经兴废的城市品性。20 世纪 70 年代,人们对当时的柏林艺术手工业博物馆进行了修缮,这幢建筑即是今天的马丁·格罗皮乌斯博物馆。与此同时,博物馆周围的部分激起了人们对历史的好奇。人们公然与具有选择性的历史主义文物保护理念决裂,即主张要把这段历史陈迹永久地埋藏尘封于地下,但与此不同,以发掘研究地下历史遗迹为己任的历史工坊运动应运而生,从而使党卫队国家安全部的遗址得以重见天日。当年的发掘成果便是今天的"恐怖地形图"历史纪念场所,其中还包括欧洲犹太遇难者纪念碑和犹太博物馆。这些历史遗迹和纪念场所一起在城市的中心铭刻着纳粹时期的那场噩梦所留下的尚未愈合的创伤。[1]

新中心的争夺战

然而,新千年里这些建筑的兴建却并不意味着历史话语权在柏林的争夺已告终结。当人们在波恩讨论着如何将临时首都完好保存下来的议题时,柏林已然作别了两德分裂时期的特殊地位,向着未来全新的方向前进。未来的规划意味着长远而持续的投资,因此在柏林不仅有大规模的新建筑正在兴建,而且人们也不惜巨资去修缮和重建很多老建筑。一座座吊车已经成了这座立志要提升自身形象、成为世界性大都市的城市象征。1998 年,在波茨坦广场建起了

---

[1] 针对这一议题我已经有过专门著述(详见阿斯曼/Assmann, 2006a),所以这里便不再继续展开。

还都柏林之后充满魅力的德国"新好莱坞"，这里的新建筑与历史无关，而是一处集金融、购物和娱乐于一体的高科技新城。犹太裔德国实业家、政治家瓦尔特·拉特瑙（Walther Rathenau）曾预言，一旦纳粹掌权，那么波茨坦广场便会马上变成放羊的地方。这个预言表面上看来像是在描述一幕美丽的乡村田园风景，实际上指的是一幅末世之后的荒凉景象。而这也确实被拉特瑙所言中，战后的波茨坦广场确如他所言一般：在东、西柏林相隔离的年代里，广场上到处都充斥着废墟瓦砾。若是有谁想要一睹当年波茨坦广场的景象，不妨看一看维姆·温德斯（Wim Wender）的电影《柏林苍穹下》。在这部电影里，遍布废墟、荒芜和瓦砾的死城之中，一部全新的荷马史诗由此诞生，成为这个地方过往记忆的最终化身。

　　许多正在大举营建的工地之上，"保护之人"与"投资之人"的矛盾依然时时存在，比如德国作家诺曼·奥勒（Norman Ohler）出版于 2001 年的有关柏林的、以《中心》为简洁题目的小说便涉及了这一问题。故事发生在柏林哈克市场旁一幢未经修缮翻新的房子里，过往的回忆如同鬼魂一般在那里游荡。"你可以想象一下，当你正对地面进行必要的更换时，却突然发现了一些令人极其作呕的东西，那竟然是反抗运动士兵的尸体。于是人们马上就开始讨论——谁也不会愿意在这里投资的。"另外，投资商还补充道："正是因为如此，对房子内部的改造更新完全只是治标不治本。"（奥勒/Ohler，2001:36）对于柏林新中心的争夺战早已爆发，这里不仅涉及投资商和保护者间的矛盾，同时也牵连着历史象征和历史话语权的问题。而这场争夺最显著的标志便是柏林城市宫的重建工程。①

——————————

① 参见德意志历史博物馆（Deutsches Historisches Museum）网站的相关介绍。

重建与复建

与战后现代主义时期相比，"重建"一词在这里有着完全两样的意味。重建不再意味着扩建基础设施、缓解生存危机，而更多地是一种重塑国家自我形象的手段。经历了四十年分裂的德国需要重新恢复它失落的中心，这便是重建最大的要旨所在。

如今这一问题具体关心的，不再是"拆除还是保留"，而是"保留现状还是重新复建"。这里需要的是新的未来空间，而不是那些被人追忆的既往历史。而这一抉择与 19 世纪的历史主义的不同之处在于，既往的历史并不是像维也纳环城路旁的代表性建筑那样通过风格的局部再现而重回现世，而是通过单个历史建筑的模仿性复建而得以重新归复当下。但是通常而言，那些需要重建的历史建筑的原址往往早已被其他建筑所占据，这时就需要抉择是否将那些建筑拆除。这样的现实问题不仅仅在柏林市中心，而且在莱比锡和德累斯顿都时常出现。比如在德累斯顿新市场的建造就陷于停顿，其原因是新市场的建筑物需要和已经完成重建的圣母教堂构成一个统一的巴洛克风格建筑群。德累斯顿复建计划的目标是把老城建成一个休闲之地，而为此需要"献身"的仅是警察总局一处扩建的房屋而已。与此相比，莱比锡面临的则是在一座大学建筑与 1968 年被爆破的圣保利教堂间的抉择。而在历经几度兴废的首都柏林，这一问题则具体表现在人们对于保留、拆除和重建之间的巨大争议，比如这座城市究竟可以容纳多少源于不同年代、参差异质的历史遗迹，而在那些经年沉淀累积的历史层次之中，又有哪些应该得到保留的优先权呢？ 所谓的历史，并不仅仅是生长出来、然后逐渐分层积淀的，而更是——如果存在相应手段的话——一个可以塑造的具象群体，每一代人都会对它的形体面貌做出自己的选择。

那些死于战争、轰炸、大屠杀乃至逃亡与驱逐的千千万万的受难者已然无法重生，但砖石仍可以重新垒砌，建筑亦能够重新建起。在这其中，重建或者复建可以成为掌握历史政治的重要手段。在建筑学理论中，复制、局部复建、仿建、重建与复建是有区别的。"重建"指的是当建筑不幸被毁不久之后，便凭其残迹将其重新建造，而"复建"则意味着凭借图像、文字记录和实物证据将已然不存的原物重新建造。然而，复建的建筑常常会在人们的意识中被当作"原物"，比如慕尼黑老城和德累斯顿的森帕剧院。当亲眼见过建筑原物的那代人逝去之后，时间便会见证这些复建的建筑是真实的（费舍尔/Fischer，1997:7,11）。

这类"复建"的典型案例是华沙的历史城区。华沙古城在"二战"德军的炮火中化为灰烬，但在战后却又恰恰凭借赫尔曼·戈林（Hermann Göring）收藏的华沙城风景片得以迅速恢复。复建在这里标志着抵抗，由此也成为波兰反抗德国侵略灭国之暴行、维护国家独立与尊严的难忘见证。德累斯顿的圣母教堂则是"重建"的典型案例。在东德时期，圣母教堂的废墟被原样保留以作纪念之用，但与柏林威廉皇帝纪念教堂钟楼的废墟不同的是，圣母教堂的废墟之所以在冷战时期被保留，其实是为了以此来控诉西方盟军对于德累斯顿的轰炸。两德统一之后，在英国人和一个于 1989 年由德国公民自发倡议的组织的推动之下，教堂得以完成重建，其本身的纪念意义也由仇恨和控诉演变成为哀悼与和解①。人们一共花了 17 个月的时间将圣母教堂废墟上所残余的原始建材进行系统的拆解与保存，之

---

① 倡导圣女教堂重建的组织如今已经发展成了全欧洲在文化领域规模最大的公民倡议组织。参见 http://www.frauenkirche-dresden.de。

后共有 8390 块原始的立面用砖和 91500 块墙体用砖被用到了重建的新建筑上，而不同砖色的保留更是突出了新老建材之间的衔接。通过这种方法，建筑的废墟和那段在建城史上留下如此深刻的印迹、充满了毁灭记忆的过往年岁并没有被抹去，而是得到了保存。于是，重建便成了以另外一种方式继续讲述历史的手段。然而，华沙的复建是在战后便完成的，而德累斯顿的重建则在半个世纪后才开始，这是以上两个案例不太典型的地方。

对于外行而言，重建与复建是两个相近的概念，而专家们对此也有激烈的讨论。一些文物保护者尊崇建筑的原真性，主张保存和维护那些不可再生的历史见证物，对他们而言，复建"对历史、艺术和文物都是有害的"（冯·布特拉/v. Buttlar，2004）。他们中的纯粹主义者甚至将被毁建筑的复建斥为"犯罪"；他们认为，原物被改变或者被毁后的状态本身就是对历史的记录，一旦复建，这种记录便会被扭曲。而对于复建的支持者们而言，复建无论如何也不等同于毁弃历史，而是激活重要的艺术和文化见证物的一种可能手段。他们认为，复建在建筑史上本就是一种常态，历史上建筑物扩建与改建的例子不胜枚举。观察家们发现，本体保护与空间更新之间不可逾越的鸿沟是在最近几十年才出现的，此间的分歧不仅反映出专业观点的差异，也体现了民主社会中公众对此的见解与立场之不同。在君主制或者专制的国家里，公众是完全被排除在建筑工程的决策之外的，而在民主社会，公众对于这一决策过程有了一定的参与度。对于建筑方案的争论变得民主化，社会公众都有权就如何对待自身历史这一核心议题发表自己的意见，而其结果便是专家、政治家、投资商与公民之间永无休止、呼声混杂的大讨论。

作为民族象征的普鲁士

如今许多城市在财源和旅游的竞争中都致力于打造统一的城市历史风貌,这已经成了一个显而易见的发展趋势。就如同昔日象征着萨克森侯爵政治权势的巴洛克风格之于"神话之城——德累斯顿"一样,普鲁士对于柏林也有着同样的意义。2007 年 8 月出版的一期《明镜周刊》还曾对"普鲁士的荣耀"进行过专门的报道。如今柏林正大兴土木,力图重现那些不仅代表着柏林城市、而且代表着德国的民族象征,因此略微提及与普鲁士相关的话题,并且在其中加入对"普鲁士作为国家象征"这一问题的思考应当是值得的。不久前,人们还可以在 1998 年出版的一本书中读到政治学家克劳斯 · 冯 · 拜梅的如下观点:"普鲁士在政治上已经死亡,同时也不宜倡导复兴。"他将 1981 年的普鲁士展览会评价为一场对现实缺乏严肃考量的"怀旧风气的回潮"。对他而言,就是否采用普鲁士时代的象征符号继续进行讨论是没有必要的:"普鲁士将沦为保守力量眼中早已失落的文化遗产,他们对普鲁士的利用胜过对它的理解,而这多半是未来普鲁士的命运。"在对柏林城市宫重建问题的争论中,他却只是顺带提及:"普鲁士的象征符号在有关柏林城市中心建设的讨论中扮演了一定的角色。但是,其实只有少数人是出于对逝去王朝的怀念痛惜而要求重建霍亨佐伦家族的宫殿;而更为有力的论据是,人们想要通过对历史上代表着柏林中心特色的主要建筑的重建来修补东德时期的建设工程对此地风貌所造成的损害。"(冯 · 拜梅/v. Beyme,1998:49 - 51)在新一轮有关柏林城市宫重建的讨论中,这一行为的现实意义明显被提升到了新的高度。与此同时,人们也开始对普鲁士的政治象征意义进行新的思考。其中,克劳斯 · 冯 · 拜梅有关普鲁士文化政策的历史著述富有启发意义，我在此也将引述其中的几处要点。

克劳斯·冯·拜梅强调道，在丧失了原为条顿骑士团国的东方领土之后，普鲁士就不再是原来的普鲁士了。普鲁士由此成了温驯的普鲁士，它不再是军事霸权的代表，而化身为人文艺术的象征。而前者在欧洲本也是不能接受的，这对于饱受普鲁士帝国主义摧残的波兰而言更是如此。对尚武好战的普鲁士光辉历史之追忆，于波兰而言无疑是无法容忍的挑衅与侮辱。普鲁士的象征意义有着极端的两面。一方面，普鲁士被认为是第二帝国与第三帝国时期德国政治堕落的罪恶渊薮。普鲁士这一名称便代表着"战争机器"，其中军事效率和光荣价值居于核心地位。普鲁士尤其代表着两个权贵群体：官员与军官。这两大群体崇尚权威的特征及其对忠诚、服从、纪律等相关美德的强调严重地玷污了德国的民族形象。这种人物观与道德价值的倡导将普鲁士走向议会民主之路的进程推迟了一百年左右（冯·拜梅/v. Beyme，1998:50），而在国外关于德国人尚武好战的形象便主要受普鲁士的影响（胡尔/Hull，2005& 克拉克/Clark，2007）。从他者（比如盟国）的视角便可以看出从普鲁士到纳粹主义的一脉相承，但从这种视角却显然没有看到，德国的反抗纳粹运动也是以普鲁士为理据的。

普鲁士的另一面——这是唯一可以考虑继承的传统——则深受启蒙运动乃至艺术和科学的影响。新教与虔敬主义的传统熏陶了亲近世俗的普鲁士王朝，而堪称典范的便是普鲁士历代国王的文化政策。在普鲁士，本该是城堡宫殿的地方建起了各种文化设施。博物馆成了宫殿的替代物，比如申克尔（Schinkel）的柏林旧博物馆便是一例，而国王则成了博物殿堂的圣杯守护者。作为这个业已开化启蒙的国家的文化机构，宫殿获得了充满象征意味的全新角色，而这正是我们今日需要继续衔接传承的。

当 1957 年"普鲁士文化遗产基金会"成立之时,各联邦州充满疑虑地投了赞成票(冯·拜梅/v. Beyme,1998:49)。这个长年来勉强得以维持的基金会如今在还都柏林以及重塑国家象征的新时期担负起了全新的使命。由于德国在民主政治领域毫无具有代表性的国家象征可言,以博物馆、图书馆、歌剧和音乐会为载体的文化便取而代之,充当了国家形象的代言人。一座定位为文化和科学场所的宫殿——在下文中我们还会继续对此进行阐释——便将这两个方面结合在了一起,以此看来,它依然承继了普鲁士的传统。

关于柏林城市宫的大讨论

复建柏林城市宫,不是为了面对过去,而是为了赢得历史。由此激起的大讨论所关注的议题便是,柏林失落的中心该以何种象征来重新填补。①在此我并不想阐述自己的主张,而是想将这一主题加以整理,并将各方的观点加以详细阐释。为了更好地了解这处层层堆积的历史旧址,我们有必要先回顾一下此地几经兴废的历史变迁与沿革。

——建于 1443 年的柏林城市宫几乎与这座城市同龄,同时它也是这座城市发展的起点。该建筑最早的形制为一座城堡,之后才被宫殿所取代。在 1700 年左右,德国建筑师安德雷亚斯·施吕特(Andreas Schlüter)将其建为阿尔卑斯山以北规模最大的巴洛克风

---

① 重建并不是单纯的重建:专家委员会"以略微过半的多数"对于柏林城市宫的重建做出了如下决定:"该建筑的三个立面将被重新恢复,联邦议院也是如此。与华沙不同的是,柏林城市宫的重建并不是纯粹意义上对宫殿的重建。"(德意志历史博物馆网页:http://www.dhm.de/ausstellungen/flucht-vertreibung/gliederung.html[2007.06.22])

格建筑。在 18 到 19 世纪，建筑又历经扩建，比如祈祷室和穹顶等都是在这段时期加建的。

——1918 年 11 月 9 日，卡尔·李卜克内西（Karl Liebknecht）在城市宫的阳台之上宣告德意志自由社会主义共和国成立。李卜克内西在他的演说中说："霍亨佐伦家族在这座宫殿里居住了好几个世纪，然而今天，他们的统治结束了！ 现在我宣布，德意志自由社会主义共和国成立！"

——1945 年 2 月 3 日，柏林城市宫在一次空袭中遭到轰炸。

——1950 年 9 月 9 日，柏林城市宫被拆除。为此德国统一社会党总书记瓦尔特·乌布利希（Walter Ulbricht）宣布："我们国家首都的中心、宫廷花园还有如今是宫殿废墟的这片区域，必须改建成为宽阔的游行广场，以用来展示我们人民的战斗意志和建设意志。"

——1976 年，在宫殿原址上建起了共和国宫，又在建于 1964 年的东德国务委员会大楼直角边立面上增建了具有历史纪念意义的"李卜克内西阳台"。

——2005 年 2 月 3 日，也就是在柏林城市宫毁于"二战"整整 61 年之后，德国总理安吉拉·默克尔在一场公开的演说中表示支持柏林城市宫的重建。

至于这段历史的最新进展，我们基本上都能在网络上找到。在致力于宫殿重建的公民运动网站上展示了许多虚拟图片和数字回顾文字："那里矗立着这座北德典型的巴洛克建筑的代表之作，其宏大与雄伟令人感叹神往，其威严与壮丽完全可与巴黎的卢浮宫和由米开朗基罗设计的罗马圣彼得大教堂比肩。这座建筑统领着柏林的中心，它统领着由它相助而塑造的广场，统领着通达到它近前的街道，更统领着柏林的这座老城，而对于那些渴望看到柏林历史得以彰显的人来说，正是这座老城使得柏林成为'柏林'。"德国历史学家莱恩哈特·科塞雷克曾写过一本题为《过去的未来》的书，而如今柏林城市宫的重建则是对于一段过往历史之未来的争夺战。

柏林中心的共和国宫

柏林城市宫的复建方案

公民运动的网站上继续介绍说，"柏林的中心将被重新定义"，而这一理念正是德国议会于 2002 年 7 月 4 日针对柏林城市宫的内部功能所采纳通过的。"洪堡论坛"将落户于这座新建的宫殿之中，从而使该建筑成为涵盖科学与公众交流的收藏机构与研究机构的综合体。这里应当成为一个探索寰宇大千、追求世界知识的论坛，而它富有魅力的口号便是："寰宇世界，尽在柏林中心。"2007 年初，柏德博物馆的重新开馆再现了华丽帝国时代的一部分，其实这仅仅只是这一伟大工程的序幕而已。根据规划，博物馆岛和位于城市宫内的洪堡论坛将在"柏林的中心和德国的中心"形成一个博物馆的群落，而其"规模与重要性甚至可以超过巴黎的卢浮宫"。

很显然，通过这一系列的工程，这个重归统一的国家想要与法国（卢浮宫）和意大利（圣彼得大教堂）一较高下。与此同时，在经历了多年的低调之后，德国也希望能够借此在欧洲扮演起更为重要的角色。时至今日，德国在世界历史舞台上的负面形象都与世界大战、犹太大屠杀和柏林墙联系在一起，而如今，这个国家意在通过柏林城市宫的重建在文化领域留下自己新的标志。民主国家并不需要像专制帝国那样通过代表性建筑来炫耀自己的权势，取而代之的是新旧各异的文化设施建筑，新的建筑比如有西班牙毕尔巴鄂古根海姆美术馆，而传统风格的则有柏林城市宫。这些文化设施建筑经常在宣传中自我标榜为"汇集了欧洲与非欧洲艺术文化与科学的世界之窗"，这多少有些妄想夸张之嫌。尽管如此，这些建筑的外在表现与内涵意义却有着十分有趣的矛盾之处：尽管这些建筑象征着国家的伟大，复兴了帝国的荣耀，但它们并非意在展示国家的全新形象，而是被用作对他国文化的国际化研究，这种研究属于一项百科全书式的启蒙工程。在未来，新的柏林将会被建设成为一座国际化的大都市，而在这座大都市中，各民族将通过艺术、文化、历史与科学来增进互相的体谅与了解。未来的柏林将邀请来自世界各地的朋友前来做客，不止是在奥林匹克运动场以及赛事直播的大屏幕前，而且也会在新落成的城市宫里。

赫尔曼·吕博认为，在历史基础上进行任何建造都是一种破坏行为（吕博/Lübbe 1982,14 等）。然而自相矛盾的是，这一点也适用于像城市宫这样的历史建筑的重建。这一重建计划不得不让步于东柏林的核心象征以及与此紧密关联的四十年东德的历史。如今有关对过往历史建筑的更新、保留和重建有许多讨论，而关于城市宫的大讨论其实仅仅是它们中间最具代表性的一个而已。这些争论不仅仅是民主决策过程的一部分，而且也意味着，人们对更长时间跨度内的德国历史（如波赫尔而言）越来越感兴趣。而这反过来又引出了以下这个问题，即与更长时间跨度内的德国历史相比，又有多少代表着短暂东德历史的遗迹该被保留下来呢？在东德结束以及东欧体系崩溃 15 年后，人们又该如何去了解与认识这第二段独裁专制的历史呢？柏林墙长达 28 年的历史和曾经的死亡地带一起仍长久地埋没于新建住宅和轨道交通之下，其中只有少数几段能够在城市形象中被辨认出来。而在当年东德国家安全部的旧址上，已经设立了另一处恐怖政治的纪念地，同时在那里也可以研究与了解到当年神秘的国家档案局的镇压手段。[①]

然而，四十年东德的历史记忆不仅仅涉及纪念性建筑，如今已成为历史的当年东德民众的生活环境也必须部分地得到保存。对于较年轻的一代东德人来说，已经"没有地方可以让他们再回想起自己的童年时代了"。（西蒙/Simon，2002:25,47 等）（当然需要补充的

---

① 贝尔瑙大街(Bernauer Straße)上也有一处柏林墙的纪念地,在坐落于同一条街道的和解教堂里会定期举行礼拜,以纪念那些丧生于柏林墙下的遇难者。

曾经柏林墙走向的标记

是，这里并不包括旧货市场。旧货市场是文化记忆遗忘的第一阶段；
当然，个人的价值判断与收藏喜好以及亚文化的复兴流行有时也可
以中止乃至扭转消失与遗忘的趋势。）语言、物品、价值与礼俗——
所有这些都不留踪迹地消失了，而如今那些代表着既往历史的建筑
残迹也在城市形貌中逐步消失——一部分无声无息地消失在城市中

心的拆旧建新与重新规划之中，一部分则消失在备受瞩目的激烈争议之中。下面我们再来仔细看看正反双方的论点与理据。

主张重建柏林城市宫的人们认为这座建筑首先具有三大价值。其一为美学价值：柏林城市宫乃阿尔卑斯山以北最大规模的巴洛克建筑。其二为代表柏林与德国的象征价值：（包括其前身在内的）城市宫几乎与柏林同龄，因而这座建筑以独一无二的方式代表着这座城市悠久的历史；此外，这座象征着普鲁士时代的建筑也赋予了年轻低调的联邦德国些许昔年的光彩和荣耀。其三为文化传统价值：在柏林中心重建城市宫，可以承继衔接起普鲁士启蒙运动与人文主义的传统。

然而这一传统正是在东德时期被切断割裂的；德国统一社会党总书记瓦尔特·乌布利希认为城市宫是与人民意志相悖的君主封建历史的代表；唯有存留其上的"李卜克内西阳台"才纪念着那些与封建传统抗争的革命先辈。从批评者的角度看，此次重建便是与历史变迁产物的见证价值相悖的。而同属此列的还有东德首席建筑师赫尔曼·亨瑟尔曼（Hermann Henselmann）对柏林的城市规划。继申克尔和施佩尔之后，这位建筑师除了在柏林规划了斯大林大道和电视塔之外，还想要修建一座广场。很多人的生活都曾经与东德的历史有着紧密的牵连，但是面对着这段历史在城市面貌以及人们意识中不断消失的现实，表示反对的不仅仅只有这些人。反对派认为，将历史削减至支离破碎的状态以及某些个别时期的做法，是不能容许的。历史本身所涵盖的内容，超出了当下所"流行"的那一面，也远远超出了政治正确、促进旅游的那些方面。东德的历史仍然深深地根植于人们的集体记忆与共同经历之中，与此相比，普鲁士的历史早已失去了代际传承与现实关注，而排挤摒弃东德短暂的历史，以使其让位于更为悠久的普鲁士历史，这种做法对于历史意识与历史真实性都会造成削弱与损害。

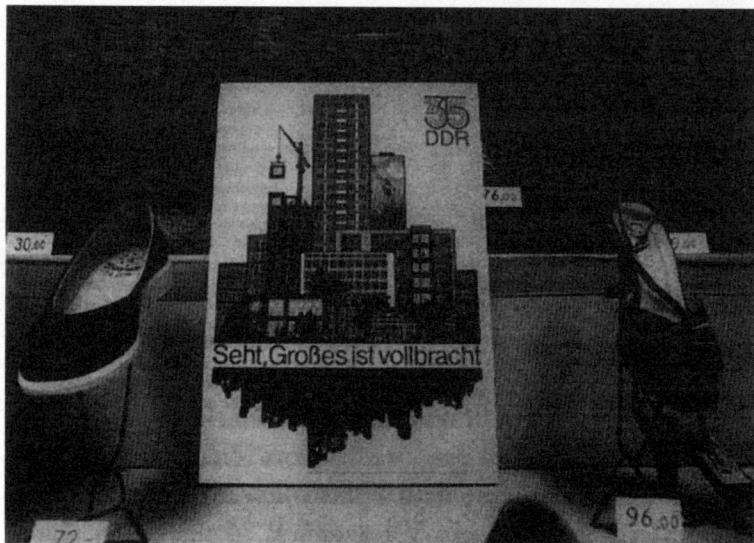

从废墟中死而复生：1984 年东德成立 35 周年之时被装点一新的商店橱窗

在城市空间中，我们处处都被历史所包围。历史的生长从不间断，因为今天所建起的，明天也将同样地成为历史。如此丰富的历史不断生长，这让我们无能为力。如果因为建筑的"本体原真"与"历史见证价值"就要把学校、游泳池乃至地下车库的所有一切都进行保留和修缮的话，那么这对于文物保护来说显然是不现实的。当岁月将建筑侵蚀损毁，幸存之物寥寥无几之时，我们这才醒悟并认识到那些正遭受着时间的复仇因而濒临消失的建筑的价值，而在这时，文物保护就变得十分紧迫了。当下关于文物复建争议的核心问题显然不是到底什么才属于历史，而应该是："到底有哪些是我们愿意承认为历史的一部分的？ 到底哪一段历史是我们愿意讲述并使之留存于记忆之中的？"

从今天的视角来看，（不仅只有联邦德国而且也包括民主德国的）战后现代主义建筑都不会被归入历史建筑之列。它们通常会被毫不犹豫地拆除，在其旧址上往往会有新的规划，与此相比，战前建筑的价值一般都会得到承认。阿德里安·冯·布特拉 (Adrian von Buttlar) 对此并不苟同,他主张需要得到保护的还应当包括这样一些建筑,它们或者"在政治上让人感到不适",或者由于不客观的评价而被视为"丑陋"。他认为建筑作为记忆的承载者有其意义所在,并要求保留参差异质的城市面貌,正是在这样的城市中,互相矛盾的历史图景才能够始终得以被识读。我们正为自己"裁剪一个与自身未来相适应的过去", 对此阿德里安·冯·布特拉提出了警告。同时他也强调说:"历史所展现的是一个构建物,而这个构建物来源于许多迥然不同的历史与视角。而作为历史的物化记录,建筑应当要体现出其作为各种思想和历史参与者的多样性,这其中也包括了不为人们所乐见的内容。"(冯·布特拉/v. Buttlar 2001)

结　语

没有其他任何书像 1948 年出版的一本书那样如此精准地道出并影响了 20 世纪 50 年代的时代精神,这便是艺术历史学家汉斯·赛德迈尔 (Hans Sedlmayr) 所著的《中心的失落》。在这本书里,他描述了造型艺术中现代主义的发展历程,并由此引出了统一风格——中心的失落这一观点,而统一风格的失落便与这一时代所有现象有着错综交织的关系。从 20 世纪 40 年代一直到 60 年代,德国人可谓切身经历了"中心的失落",不论是因为城市历史中心的摧毁还是战后的重建,而在重建中,那些幸免于难的建筑也在事后被拆除。在战后,不管是在东德还是西德,还有不少地方的城市宫被拆除,比如哈勒和布伦瑞克。也正因为如此,德国人在假期才如此喜欢去参观意大利北部的那些城市,因为在这些城市的中心,他们还可以惊叹与赞美那些仍为历史环境所包围的罗曼风格的大教堂。而战后分裂的德国也以另外一种方式对这种"中心的失落"表示哀叹;当时唯一仅存的"中心"便是柏林墙,而它在冷战期间也成为德国、欧洲乃至分裂为两大阵营的世界的"中心"。当这一充满了死亡意味的"中心"被消除之后,人们才开始重新找寻新的"中心"。五十年来,这一应当具有象征意义的"中心"都长期空缺。而在那个传统、激情、尊严与历史长期缺失的时代过去之后的今天,柏林重又大兴土木,力图迎头赶上;但在此间所显示出的创造热情与活力之中,却也隐藏着一种危险,即我们当下所紧承其后的那段前代历史——也就是柏林作为东德曾经的首都——也有可能在这种热情与活力之中被葬送掩埋。

切斯拉夫·米沃什对诸如柯尼斯堡、维尔纽斯等城市所提出的问题同样也适用于柏林:人们如何才能使自己融入这座城市世代承袭的锁链之中? 克劳斯·冯·拜梅曾经将柏林称为一座"非共时的城市"(冯·拜梅/v. Beyme, 1998:196)。然而因为所有城市的结构其实都曾因为历经兴衰而层积叠加,所以每一座城市都是非共时的。现在的问题便是,到底要有多少体现这种非共时性的建筑该被保留其可见之状态,从而使其也能够留存于民众的意识之中。特定时代的特征可以从当时所宣传鼓吹的主导理念与价值中获知,而通过对这些时代的择取,便在历史区域的复建中产生了时代的同质性,于是这些复建的历史区域就将有机生长而成的城市参差异质之面貌化作了统一协调的历史幕景。如果和谐统一的时代风貌是以牺牲历史层次为代价,那么建筑的复建便不被允许。重建的历史建筑年代越是久远,就意味着在复建过程中有更多历史遗迹不得不遭受被拆除与遗忘的命运。[①]

由此我们可以确定,历史化本身也是一种历史现象,它也受制

[①] 与此相关的是,玛莎·葛森/Mascha Gessen(1999)曾提出过"伪造的危险"这一说法。她如是描述莫斯科:"我来自一座到处都是赝品的城市:为了将莫斯科的直通干道拓宽,原有的沿街建筑被移到远离街道的两侧。而最为显眼的纪念碑则被任意地从街道一边迁建到了另一边;城市之中到处都充斥着模仿久远年代风貌的建筑物。"

于意识与价值的变迁。现代主义基本上包含了两大精神内核:对拆毁的欲望与对保留的追求。人们的抉择在这两个极端之间时常摇摆不定,而要在它们之间谋求平衡也并非易事。在 20 世纪的多场战争和历次文化革命之后,对历史可持续性的需求显著增强,而这正是在本文开头拉斯金所述意义上的那种需求。大力推进的现代化与专制独裁的政治体制导致了城市之中的历史中空,而同时这一现象也使得人们对于现代主义之前更为古老的建筑愈加充满温情与敬意。那些值得保护的文物建筑,其价值并不仅仅只在其历史本体上,因为所有人类创造之物或早或晚都将成为“历史”。这种价值必须得到每一代人的承认,又或者每一代人都必须重新创造这种价值,而在这一过程中,与此相关的标准则总是处于不断的变动之中,在民主国家这也引起了不少激烈的争议。

在历史城镇中,“保护之人”与“经济之人”的现实代表与利益诉求呈现出一种不可调和的对立关系,然而他们之间分歧的极端化却还不能全面体现出此种争议更为普遍的状况。其理由是,当下历史的保护与展示——这里最为关键的就是所在地的因素——与经济紧密相连;因为历史的保护与展示是一种投资的形式,需要花费大量资金,但同时这种投资也应该得到回报。就像我们多次所强调的那样,“记忆的繁荣”也是一种经济现象,并不是每一个国家都能够承担耗资巨大的文物修缮、复建以及纪念场所的建造工程。在民主国家,公民也参与到了这些工程的集资之中。以德累斯顿圣母教堂为例,德裔美籍生物化学家、诺贝尔奖得主甘特·布洛贝尔(译注:Günter Blobel,1999 年诺贝尔生理学和医学奖获得者)就把他所获奖金中的 82 万欧元捐赠给了教堂的重建工程。至于现今历史建筑大规模的复建工程便要数柏林市中心的城市官,它于 2007 年 7 月 4 日获得议会通过,开始建设。为此德国联邦政府批准了包括“洪堡论坛”

以及老城市宫巴洛克立面复建在内的财政计划。包括其附属建筑在内这一新建计划于 2010 年共和国宫拆除之后开始，而"洪堡论坛"预计在 2013 年对外开放。这项复建工程所耗费资金预计将达 4 亿 8000 万欧元，其中 3200 万由柏林州州政府捐助，至于立面复建所需的 8000 万欧元左右的额外费用将由私人的募捐来承担。[①]社会公众也对这种对于后世的投资越来越表示出注意与关切。这一切都显著地表明，社会对于历史的兴趣与公众对文物保护的参与意识都已经有所提高。这种参与意识也可能反映出了一种乌托邦式的梦想，这种梦想属于心灵备受摧残的那几代人，当年施佩尔与亨瑟尔曼充满毁灭性地篡夺了本该留给未来的建筑，而经历过这一切的那几代人便以牙还牙，通过对前代建筑毁灭性的篡夺，来为在此之前已被篡夺的建筑争回空间。

　　开启新时代的人必须知道，他想要带走什么，又想要留下什么。但是留下并不总是意味着拆毁或是遗忘。城市宫建筑的设计者们要求，"此地历经变迁的历史应该在建筑中得以体现"。其实城市宫的复建也只是一个特别有名的例子而已。在拆除、改建与新建的实践之中，每一天人们都在面临这样的抉择，即这座城市的历史究竟该有哪些层次应当得到保留，而柏林是否还可以当之无愧地被称为一座"非共时的城市"。

---

① 　来源于《法兰克福汇报》2007 年 7 月 5 日第 153 期的报道《柏林将重新迎回城市宫》。

被展演的历史：博物馆和媒体

　　以柏林城市宫为例，我们认识了两种建筑上的变体形式：重建和复建。重建发生的时间离我们并不遥远，它是将尚未被改造的城市形象再次恢复成原样；复建则是以图像和文字记录为蓝本还原一种早期的历史状态。因此，特别是复建措施能够被人们看作一个博物馆化的过程。只不过它的文物性特征并非长久持续的：居住者逐渐习惯了被复建的建筑物外形，多年之后全然忘记了这本是一处复建设施。于是这一复建的建筑又悄悄地转变回了不再遭到质问的历史"原物"。然而柏林城市宫不仅因其历史立面的复建被作为一项建筑工程被博物馆化，随着"洪堡论坛"的入驻，柏林城市宫也变身成了一座博物馆。于是这一案例将城市空间内被展演的历史与博物馆、媒体及历史展示地点联系在了一起。

　　那么我们现在就由城市空间内不动的建筑物过渡到博物馆保护空间内可动的历史。在展出中，已经离我们远去或者只是刚刚成为过去的历史再一次被真实地呈现在我们眼前，以供我们观赏并且感受它们的真实存在。博物馆展出的几乎没有仿造品或复制品，而是实实在在的原物，它们作为回忆的承载物和历史实质的化身散发着独一无二的光芒。在这一章中我们将首先谈到历史展览和博物馆，接着我们将把视线聚焦在视觉媒体的"移动画面"所展演的历史上，最后我们将列举在历史地点对历史进行展示的实例，这些展示或是由"活动的人"生动演绎，或是仅由技术手段完成。

展览及博物馆

重归（地区）历史：着迷于斯陶芬王朝的巴登符腾堡

1977 年是德国左翼恐怖主义组织红军派（RAF）被写入历史的一年，对西格弗里德·布巴克（Siegfried Buback）①、于尔根·庞托（Jürgen Ponto）②、汉斯-马丁·施莱尔（Hanns-Martin Schleyer）③等人的暗杀事件使恐怖主义活动达到高潮。而此前已经有一架自索马里首都摩加迪沙机场起飞的飞机遭到恐怖分子劫持，三名在押红军派恐怖分子首领安德雷亚斯·巴德尔（Andreas Baader）、古特隆·恩斯林（Gundrun Ensslin）和杨-卡尔·拉斯沛（Jan-Carl Raspe）也已于狱中自杀。不过，所有这些发生在三十几年前的、被称为"德意志之秋"的恐怖事件并不是我在这里要讨论的主题，事发地点也不是关押三名恐怖分子头目的监狱所在地施塔姆海姆，而是位于其南部的斯图加特。

1977 年 3 月，以斯陶芬王朝（译注：Staufer，即霍亨斯陶芬王朝 Hohenstaufen）为主题的展览在斯图加特老王宫开幕，联邦雇主委员会的会长汉斯-马丁·施莱尔也作为经济界高级别代表列席董事会。这次展览取得了巨大的成功，以至 1977 年被称为"斯陶芬年"并载入史册。今天人们对这次展览进行评价时，通常将其视为德国对历史兴趣的历史性突破。一方面它前所未有地吸引了 671000 名参观

---

① 死于 1977 年 4 月。
② 死于 1977 年 7 月。
③ 死于 1977 年 10 月。

者，这一数量就使得这次展览的成就不会被忘却。另一方面——回过头来看这一点越加明显——这次展览标志着一个转折点，即它在很长一段时间内，有效推动了德国博物馆业的发展。斯图加特的斯陶芬王朝展览所获得的巨大成功引来了多方效仿；其他联邦州的首府对这一具有吸引力的模式进行了复制并为此增加了文化预算：1980年，人们能够在慕尼黑参观威特尔斯巴赫王朝展，而紧随其后的是1981年在柏林展出的大型普鲁士王朝展。①不过，这仅仅是一系列长期活动的开始。在普鲁士展成就的鼓舞下，联邦德国总理赫尔穆特·科尔（Helmut Kohl）在1982年的波恩政府政策中提出建造以联邦德国历史和被分裂国家历史为主题的博物馆；五年后，作为庆祝柏林建市750周年的礼物，联邦德国政府决定建一座纪录德意志在欧洲历史的博物馆。②凭借这两座历史博物馆——波恩的德意志联邦共和国历史博物馆（Haus der Geschichte，HdG）和柏林的德国历史博物馆（Deutsches Historisches Museum，DHM），历史学家科尔在两德统一前就将历史这一主题作为文化政策从联邦州的层面上升到联邦层面，从而做出了具有长远意义的历史政治决定。（1998年设立的国家文化部则进一步推进了这一文化集权化的趋势。）

　　斯陶芬王朝展览标志了德国对历史兴趣点的转折，这一转折远远超越了这次展览本身，这一点人们可以从令人印象深刻的各大新

---

① 1981年在柏林马丁·格罗皮乌斯博物馆展出了关于普鲁士500年历史的展览《普鲁士——一次历史回顾的尝试》。

② 参见柯卡/Kocka(1985)。1987年6月24日，拟建"启示和理解德国人和欧洲人共同历史"的德国历史博物馆(DHM)项目计划成立。奠基文书于1987年10月28日(柏林建市750周年)由联邦总理赫尔穆特·科尔及柏林市长艾伯哈德·迪普根(Eberhard Diepgen)在国会大厦签署。然而建筑计划赶不上政治变化。随着1990年10月3日两德统一，民主德国关闭了当时的国家历史博物馆(MfDG)，于是统一后的联邦政府将该馆的收藏以及馆址并入新的历史博物馆(DHM)项目；馆址即菩提树下大街的老建筑——1695年的军械库。直到1991年人们才能看到该馆的第一次展出。

建博物馆的开放中看出。在巴登符腾堡州，也就是博物馆最密集（920 座）的联邦州，博物馆的数量自 1975 年以来翻了一番。回头来看，斯陶芬王朝展览及其成就的有趣之处在哪里？ 在这里，历史又是在怎样的境况下回归的呢？ 这次展览由位于斯图加特的联邦州政府策划，目的是庆祝巴登和符腾堡地区合并二十五周年。负责该项目的是当时的州长汉斯·费尔秉格，也就是他在一年后"坦白"了其在纳粹历史时期任海军部队法官的个人历史经历。联邦州历史的短暂一幕就这样与一段漫长的 800 年历史联系在一起了。对中世纪的追溯恰好适用于推动尼采所说的"对历史纪念式的占有"：斯陶芬王朝展览被作为陈列祖先肖像的画廊建立起来，宏伟的王朝主题背景与典型的政治自我展示相适应。这次展览的既定目标是"令我们的历史意识更加敏锐——而我们正是通过这一意识重新获得并且深化了我们的历史身份"（引自波尔斯特/Borst, 1979：19）。①整整三十年后，君特·欧亭尔在这位前任州长的悼词中强调：汉斯·费尔秉格"期待着一个进步的、现代的、强大的巴登符腾堡州。他希望，他的联邦州深刻地植根于历史——且让我回忆起 1977 年的大型斯陶芬王朝展览——那是一个为成功追求自我身份而努力的巴登符腾堡州"。②

　　不过仅仅列出政治对历史主题的利用这一点仍然无法完全解释为何这次展览具有如此广泛的影响。它的影响力首先是这次展览中展出了一些珍贵的遗物，如手稿、绘画和雕塑，以及诗画般极具建筑艺术美感的城堡和宫殿遗迹，再加上一些民间传说，如这一地区流

---

① 阿诺·波尔斯特也写道："如果我们认真对待这句话，那么历史认同就只能通过承认时代差异的历史意识获得。"当然，当时几乎没有人像他一样如此认真对待这句话。策展人关注的显然不是不是差异经验，而是历史的融合潜能。

② 君特·欧亭尔悼词，2007 年 4 月 11 日于弗赖堡。《明镜在线》2007 年 4 月 12 日。

传的关于红胡子大帝的神话，斯陶芬王朝的这段历史引起了人们对历史的强烈热情和兴趣。结合其自身教育背景，大多数参观者们还是能够将这部分历史深深地留存在脑海中，这样看来，由历史学家和策展人倾力打造的这一过去时代画面是完全有可能施展出一种神奇力量的（波尔斯特/Borst，1979）。此外，这一非同一般的来自公众的积极反响还与一种补偿需求相关。帝国主题和万众仰慕的统治人物形象出现在 70 年代的公众讨论议程中并非偶然。例如，1971年，在欧洲共同体顺势成长的条件下和对德法友邻关系的回顾中，要纪念 1871 年德意志帝国的诞生并没有充足的理由。学术历史研究同样极少涉及这些主题。大学中占主导地位的是乏味的社会史和结构史以及各种各样的微观历史，占据课程比重较大的除了女性史就是口述史和日常生活史。此外，当时盛行的还有福柯和马克思主义范式。[1]这些都无法成为惊心动魄的小说内容，或是成为集体想象内在或外在画面的素材。在广泛的民众圈内，新的历史学术形式所激发的对往昔的回忆微乎其微，它也没有起到任何促进自我认同意愿产生的作用。作为学院派研究范式的对立面，这次展览所呈现出的正是众望所归的画面：宏伟壮观的帝国形象、振奋人心的英雄事迹，并且最主要的是，所有的一切都尽可能远离他们当下。参观者对历史的内心需求完全以物化的弥补形式得以满足。访客留言簿中有人留下了这样一句话："感觉就像是经历了长久的饥饿之后终于得到了满足。"（布尔拉格/Burlage，2005：76）

如果对历史持漠不关心的态度——其高潮出现在 70 年代，我们就无法理解斯陶芬王朝展览所获得的成就以及随之出现的各出大型

---

[1]　尼培代尔(1972)对年轻一代新的批判式历史描述提出批判，倡导一种避免当代压迫及关联指向的历史。

历史展。"我们正处于成为无历史国家的危险之中",联邦总统瓦尔特·谢尔 (Walter Scheel) 以 1976 年的德国历史学家会议开幕式为契机提出这一警示 (布尔拉格/Burlage,2005:35)。社会史和结构史的学术范式同样也是对国家历史的拒绝。德意志民主共和国拥有上千历史学家,坐拥东柏林菩提树下大街军械库的国家历史博物馆 (MfDG),相比之下德意志联邦共和国在这方面却鲜有建树。关于中世纪主题的历史展览卓有成效地在西德出现,这一意义是非凡的。而当第二帝国和第三帝国始终被排除在博物馆主题之外时,第一帝国获得的关注越来越大。在展览的开幕致辞中,人类作为历史的人以及对历史意识的迫切需要再次得到强调。然而这一需求仅局限于对正面历史节点的回顾,以及尼采对历史纪念式的利用的变体上。民族/国家中消极和破坏性的方面却从未被得到关注和使用。在一本关于 1960 年至 2000 年间联邦德国所举行的大型展览的书中,马丁·格罗斯·布尔拉格 (Martin Große Burlage) 做出了这样的总结:在所有展出中,中世纪比其他历史时代享有优先权,而王朝统治主题又比社会历史主题更享有优先权。他写道:"不管怎么说,检讨集中于特定问题的主题和时代历史,在 1960 年至 2000 年这段时间内,一直都是例外。"他补充道:"对国家社会主义历史的再检讨主要在地方的历史展览、巡回展以及特殊的纪念馆和资料中心等地方进行。"(布尔拉格/Burlage,2005:303) 因为一些错误的图片署名而在第一轮展出后被撤回,随后又以新的方案再次展出的大型历史巡回展览"毁灭的战争——国防军的罪行",因将禁忌话题作为主题而成为 90 年代最受瞩目且意义重大的历史展览,这一点不仅从当时参观者的数量,而且从其影响力都能看出来。它以一种直接的方式,引发了不仅是个人层面而且还有国家层面的回忆 (赫尔/Heer,2004;拜耳-德·哈恩/Beier-de Haan,2005:151 等)。

从地区历史到欧洲历史:德意志民族的神圣罗马帝国

结束了 70 年代的展览,我们纵身跃到现代。2006 年是第一帝国
(即德意志民族神圣罗马帝国)统治结束的 200 周年,通过两场大型
历史展览,帝国 800 年的历史再次呈现在世人眼前。马格德堡和柏林
两座城市举办了"德意志民族神圣罗马帝国 926 - 1806"展览。[1]这
一展览项目由三部分组成,在马格德堡展出的是帝国历史的中世纪
部分,在这里,人们可以获得一个玩偶版本的马格德堡骑士,也就是
这次展览的象征物。这场展览中的部分展品已在之前的斯陶芬王朝
展览上展出过,然而不同的是,斯陶芬展是在施瓦本地区框架下进
行,而此次马格德堡展是以关于欧洲的历史叙述为框架的。由于此
次展览受欧洲委员会委任筹办,因此它涉及的是一个跨越国家的层
面;当然"跨越国家"这一点也是有据可循的,因为德国民族历史的
起源确实始于第一帝国的解体。当"德意志民族神圣罗马帝国"这一
向来空洞抽象的上层组织终于崩塌瓦解,而拿破仑式的侵占所造成
的外在压力急剧增加时,德意志国家在精神上开始形成。

1806 年 8 月 6 日,哈布斯堡王朝皇帝弗兰茨二世逊位,在他卸
下帝国王冠的那一刻,神圣罗马帝国被盖上了终结的封印。尽管帝
国内部本身早已腐败溃烂,并且最终分裂为奥地利和普鲁士两股势
力,神圣罗马帝国却作为国家统治传奇幸存了下来。[2]根据这一传

---

[1]　在马格德堡展出的是帝国的中世纪部分,即公元 962 至 1500 年左右的奥托大帝至马克西米利
　　安一世统治时期;而柏林展出的是帝国历史从 1495 年至 1806 年的近代部分(展出时间是 2006
　　年 5 月 18 日至 8 月 27 日)。

[2]　《欧洲的第一势力》,与海因里希·奥古斯特·温克勒(Heinrich August Winkler)的访谈。发表于
　　《明镜周刊》第 32 期,2006 年 8 月 7 日,第 56 页。

奇，德意志在公元 800 年以帝王加冕的形式接任了古罗马帝国的遗志。狂热沉迷于这一历史哲学象征的希特勒，立誓要复兴大德意志帝国并且由此引申出德意志民族作为欧洲秩序统治者的霸权式历史使命。他将其扩张企图与这一帝国理念紧密结合在一起，凭借这一理念神话般地夸大了民族国家。根据这一历史使命的理念，第一次世界大战后被毁灭的国家自我形象应当像凤凰一样在凡尔赛的灰烬中涅槃。希特勒在"吞并"奥地利之后做出了一个极具政治象征意义的举动，他令人将象征帝国权力的皇冠、剑戟和君主节杖从维也纳的胡浮堡皇宫运送到纽伦堡，以证明他大德意志新帝国的合法性。虽然神圣罗马帝国已于 1806 年陷落，但帝国神话直到 1945 年才被真正打破（这一点在展览中只是被非常边缘化地提到）。"帝国"这一概念在战后成为德国的禁忌话题。2006 年的展览从纯粹的欧洲视角出发，对这一主题实现了新的历史化。

马格德堡骑士和它的玩偶版本（摩比世界）——马格德堡"德意志民族神圣罗马帝国展"（2006）的象征物

从一篇刊登在 2006 年 9 月 18 日出版的《法兰克福汇报》上的读者来信中我们同样可以看出,这一古老的帝国传奇仍在人们潜意识中流传。来信者想知道,为什么"在柏林和马格德堡包罗万象的展览中,德意志帝国历史最重要的物品,也就是那些确实属于德意志帝国的珍宝都没有出现呢? 这些珍宝包括康拉德二世的皇冠、帝王节杖、帝国宝珠、毛里求斯剑"。读者本人重现了这些珍宝的"流离之路"——1796 年为防范被拿破仑掠夺,它们从纽伦堡被运送到了维也纳;1938 年,希特勒一声令下又将它们从维也纳转移到纽伦堡;1945 年,在德怀特·D.艾森豪威尔的命令下,它们再次从纽伦堡回到维也纳——并且这位读者还补充道:"我认为,即便是从历史道德角度来看,哈布斯堡家族——这些'流亡战利品'名义上最后的占有者——也并不配保存这些德意志帝国珍宝。因为一个民族的王室珍宝可能是某一统治家族暂时的'占有物',但它仍旧是这个民族的'财产'。然而这个民族,特别是现在来说,是德国,而不是奥地利。……曾经的'日不落'查理五世帝国已经衰弱至阿尔卑斯山脚下的奥地利小国。……能够在自己的国土上保存那些象征古老悠久、传统丰富并且光荣显赫历史的帝国珍藏,对于德国来说是十分重要的。"[1]

对于这位展览参观者来说,那些没有被陈列出来的物品才是最重要的。他期待在一次历史展览中看到德意志帝国的珍宝,这一愿望应当得到人们的支持,所以这里至少应该得到一个解释。不过他的期望却不止如此:他还要求奥地利在政治象征意义的框架下向德国归还这些物品。这些物品无法在展览中被展出这一点表明,这里

---

[1]   沃尔夫冈·克劳斯·科尔克海姆(Wolfgang Claus Kelkheim)的读者来信:《德意志帝国的皇冠在哪里》,发表于《法兰克福汇报》2006 年 9 月 18 日。

涉及的物品明显具有跨越历史的价值。具有象征寓意的物品——通常以圣物或物神的形式出现——是没有符号学上关于物体（能指）和意义（所指）的清晰区分的。正是由于这次展览未陈列出当年帝国的珍宝，于是它打开了一片新的想象空间，而再一次映射入这一空间的是那古老的帝国传说："然而这个民族，特别是现在来说，是德国，而不是奥地利。"这位来信的读者显然不是在欧洲的框架而是在一个民族的框架内观察这次展览，他期望，这次展览能再次将德国人与"他们的帝国"联系在一起。

欧洲框架下的民族历史：逃亡和驱逐

"民族"这一主题在同一时刻也出现在另一展览日程上，该展览在空间上直接毗邻"德意志民族神圣罗马帝国展"。2006 年 9 月从柏林菩提树下大街军械库也就是帝国展展厅走出来的参观者，只需要跨过一条马路，就能够参观对面王储皇宫中的"胁迫之路"展览。这一展览由"反驱逐中心"基金会组织（译注：驱逐［Vertreibung］指国家将特定的人种、宗教、社会、政治背景的集团从其故乡强制迁移到其他地方）。于是柏林的大街两侧同时展出了两场本不该相对出现的展览：在其中一台展览中，遥远时光外的历史被浓缩在统治者肖像以及描绘辉煌宫廷的收藏中；另一台展览则聚焦无名的平民大众，他们鲜活的生活历史记录了 20 世纪极权和暴政带来的创伤性后果。①街道一侧展出的是曾作为历史教育课一部分的充满遥远传奇英雄事迹的漫长历史，另一侧展出的短暂历史则饱含第一代和第二代人的苦难，给人们营造出一种身临其境的氛围。

---

① 在"反驱逐中心"组织的展览中，人们可以通过媒体介质了解 160 个个人的真实命运。

　　"胁迫之路"展览并不是柏林第一台关于驱逐的展览。在斯陶芬帝国展览之前,德国历史博物馆已经展出过另一台从波恩的德意志联邦共和国历史博物馆转移的名为"逃亡,驱逐,融合"的主题展览,这台展览随后又在莱比锡展出。无论是从报刊评论还是从参观者数量来看,波恩的展览都属于德国历史博物馆最成功的项目之一。[①]促成这一成就的原因是在这一主题中能够如同亲临一样感受到的苦难和压抑,以及与之相关的历史政治现实。那么这次展览的内容是什么? 这次展览从受害者的角度出发对历史进行描述,然而与以往展览不同的是,这里处于中心位置的不是犹太人而是德国人。如果说在"国防军罪行"的两次展览中受害者和施害者处于一种极其清晰明确的对立关系中,那么"驱逐"展中的施害者和受害者群体则被多样化了。这里展出了犹太人大屠杀之前、之时和之后所发生的以及部分与其交叉的历史事件。借助逃亡、驱逐和迁移这些关键词,一段多形态的欧洲暴力史被揭开,在这一过程中 6000 万至 8000 万人失去了他们的家乡及财产,部分则失去了他们的亲人甚至是自己的生命。驱逐,这一在第一次世界大战和多民族国家解体之后已然成为强化新的(种族单一的)民族国家的政治工具,在这一刻成为 20 世纪的签名。

　　与从原则上确定了施害者和受害者对立角色的大屠杀不同,在"驱逐"这一主题上,德国人重新发现自己既处于施害者又处于受害者一方。通过对那些至今为止未被正式历史话语或者公共历史讨论所涉及或已被其边缘化的事件和经历进行解读,这一展览象征着一种视角的转换和对历史阐释的拓展。这一视角的转换在 90 年代末初

---

① 该展览展出了将近 1500 件展品,并且吸引了 140000 位参观者。参见德意志历史博物馆:
http://www.dhm.de/ausstellungen/flucht-vertreibung/gliederung.html(2007 年 6 月 22 日)。

现端倪；借助波恩的"逃亡，驱逐，融合"展览，这一主题获得了到目前为止极为重要的关注。

让我们再一次跨越这条街道从军械库来到王储宫殿，看一看2006年8月10日至10月29日展出的关于"驱逐"的另一个展览"胁迫之路"。这次展览的主办方是"反驱逐中心"，它是"被驱逐者联盟"的一个创新项目，由基民盟（CDU）成员艾丽卡·斯坦巴赫（Erika Steinbach）领导。这一中心的目标是让展览"成为谴责世界范围内驱逐行为的警示之地"。尤阿希姆·高克（译注：德国前总统，2012—2017年在位）在此次展览的开幕式上说："对此感兴趣的参观者们能够在这里，柏林的中心，看到两出关于驱逐主题的展览，这实在是走运。"（《胁迫之路》2006，19）实际上波恩展与反驱逐中心的展览甚至在时间上都有所重叠，因此，2006年8月在柏林菩提树下大街上有17天时间人们是可以同时参观到面对面的两场关于逃亡和驱逐主题的展览。为什么在当时当地会出现这样奇特的重合？两场展览的相似和相差之处又在哪里？

两个项目的共同意义比任何一个单独展览的意义都大，因为两者都以在柏林持续展出"驱逐"这一主题为目标。在柏林"逃亡，驱逐，融合"展的开幕式上，文化部长柏恩德·诺依曼（Bernd Neumann）（基民盟）也明确了这一点，他期望这一展览成为首都"今后长期展览的核心部分"，以及成为几个月来政客和媒体辩论中所谈论的历史政治的"显著标识"。①除了"恐怖地形图"博物馆、大屠杀纪念碑、万湖别墅（Wannseevilla）（译注：1942年1月20日，纳粹德国官员在万湖别墅举行"犹太人问题最终解决方案"的所谓万湖会议[Wannseekonferenz]，这座别墅现在是一家纪念馆）、德国反国

---

① 海因里希·魏芬：《你们应该摆出证明》，发表于《法兰克福汇报》2006年5月19日。

家社会主义起义纪念馆和"新岗哨"纪念馆（译注：即德意志联邦共和国战争与暴政牺牲者纪念馆）之外，人们争取让另一处地点能被列入柏林纪念文化。这一地点将传递出的信号是，这一由德国人的罪行给全欧洲带来的空前苦难的一部分，同样也波及到了德国人自身。这一显著的标识，诺依曼继续说，不能单单由德国设立，而是应当与由来自波兰、匈牙利和斯洛伐克的代表们相互协商达成的"欧洲记忆与团结合作网"联系在一起。[①]这一"显著标识"亦是艾丽卡·斯坦巴赫希望以她的"反驱逐中心"这一形式在柏林所达到的。这一创新活动的承办者来自众多由被驱逐者结成的联盟，这些联盟在战后的西德建立起右翼的历史政治群体。然而人们担心的是，他们的分裂主义活动将成为推动持续的民族仇恨和修正主义需求的庇护所，而这一庇护所是与全新的欧洲不相容的。这一仇恨情绪很清楚地表现在"胁迫之路"展览的来访者留言簿中。大量来访者们愤怒地表示，他们从来没有收回过他们的东普鲁士、西里西亚等地区，而且战后对领土和财产的剥夺反映出极其刺目的不公平。

　　尽管两场展览都清晰地记录了德国在驱逐这一行为事实中的部分罪责，但其编排方法却完全不同。波恩展从6000万至8000万名被驱逐者出发，整理出了流亡者们从被驱逐之前到融入西方世界这段时间里的较长历史关联；反驱逐中心则展示了8000万至1亿名被驱逐者，它同样选择了欧洲的视角，却不予置评且完全并行地展现了德国历史中的各种不同事件，例如在波兰的血腥"殖民化"方式，对种族群体如犹太民族的毁灭，德国平民的迁移以及1945年后的"暴力驱逐"。斯坦巴赫女士对于特别市长团体的不解集中于如下一点，

---

① 2005年2月2日，波兰、德国、斯洛伐克和匈牙利各国政府的文化负责人在华沙城堡声明了他们的意图，即建立一个"欧洲记忆与团结合作网"。

即它掩盖了从欧洲比较的视角，后者是德国政治上的历史坐标这一民族性的构想，试图移动该坐标涉及的现实问题明确地来说是：作为 20 世纪的标记，大屠杀造成的文明断裂是否应当让位于驱逐？ 这些事件是如何在历史回忆中形成相互联系的？ 两个展览项目处于一种相互竞争的紧张关系，而与这一关系联系在一起的是关于历史意识的重心转移或重新组织的讨论。这是对历史画面的补充还是再次审阅？ 对这一问题，尤阿希姆·高科在反驱逐中心展览的开幕致辞中做出了清晰明确的回答："当一些世纪罪行的意识已成为德意志民族身份认同的一部分，这个民族今日在纪念它的受害者时，将不再会有陷入民族主义的危险。"（《胁迫之路》2006,21）

历史展示的三种基本形式：叙述、展览、展演

在对过去三十年中的历史展览进行概括之后，我们将提出关于以博物馆的、媒体的以及展演的形式对历史进行传播的较为普遍的问题：历史是以何种基本形式、媒介和方式被展现的？ 在这里我将对三种表现过程进行区分，它们同时也是三种不同符号秩序体系的基础，即叙述、展览和展演。在进行了一些概念性的区分和释义之后，本章的第二部分将列举这些不同表现形式的具体案例，与这些形式相关的一些特征、潜质和问题的轮廓也将至少变得清晰。

叙述并不只是以时间顺序对已经发生的事件进行排列，它也包含了一种因果关系，这种因果关系或是依赖于人的意图，或是依赖于事实的有效联系。赋予被叙述的事件以意义、重要性及方向的从来不单是时间顺序，而首先是以一种叙述式的语义学对其进行的改写。根据不同的叙述模式，叙述又被分为起源小说、基督受难记故事、追求解放故事、宗教皈依故事、教育小说、堕落或进步小说等

等。叙述的结构是生成联系和意义的一种基础形式；它是对多样的信息进行层次清晰的划分、刺激性再现的处理最为简单和紧凑的形式。如约恩·吕森、保罗·利科和海登·怀特（Hayden White）所指出的，这一点不仅适用于虚拟故事和电影的构建，也同样适用于在一个抽象层面上针对时间关联所进行的科学性阐释。当然这里也存在着明确的区别：借助想象力的虚构可以超越史料的记载，以这种方式它能够令死去的事实"复活"并且创造出与其他新的不同的东西等而视之的可能性。叙述的初级媒介是文本，它的方式可以是与历史相关的学术或虚构小说出版物，同时事实和虚构也可能混合组成一个单独章节的描述对象。相应地我在这里引用维尔吉尼娅·伍尔芙（Virginia Woolf）的一句经典表述："虚构小说必须忠于事实，事实越真实，小说越好看。"（伍尔芙/Woolf 2004,18）这句话中包含的一点认识是，没有精神文化方面的构思，事实是由何组成这一问题本身就无法回答。然而叙述不仅进入到文本中去；作为事件和思想最基础的组织形式，它也是其他表现形式的基础，我将以展览和演示这两个关键词对这些表现形式进行探讨。不过在这些语境下叙述本身并非关注的焦点，它却为进一步的展现模式构建起了不可或缺的概念框架。

　　展览在这里指的是对历史文字、绘画和物品在空间内的布局整合。除了依照时间顺序的组织原则，展览还可以遵循空间布置的组织原则，而后者完全有可能创造性地打乱前者的规则：可以是系列作品、位置关系和集群形式的并列存在，也可以是对称和对抗形式的并列存在。由于每一场展览都以文字"脚本"为基础，已经设定好的穿过各个空间的走道，既能够连接又能拆分按照时间顺序排列起的结构。历史是"一种虚构故事和情节，它将博物馆中的物体交织在一起，赋予它们意义，将它们组织成画面；借其作为真实物品所具有的特性，这些物品协助实现历史对事实的合理要求"。(拜耳-得·哈恩/de-Haan 2005,179) 展览的组织形式以一种叙述性的基本模式为基础，除此之外还有一些其他本质的东西。[1]这些本质的东西便是超越语言文本因素之外的，具有一种完全不同的非语言符号性质的图像和物体。关于文字和图像的对立或互补性质的讨论实在过多，以至于在这里也无法对其进行大概的描述。重要的一点是，同语言相比，图像不仅仅是下位的区分，同时也是上位的区分，这意味着，图像绝不仅仅是辅助性地图解语言秩序，对于语言基本结构，图像也能够扰乱并且潜在地扩展其秩序。关于展品的符号状态、物品创造意义的可能性及其效用力，我们将在之后再进行讨论。在这里需要注意的是，博物馆里的物品是过去秩序的残存碎片，它们脱离了其原始的相关联系而在展览中被置于一种新的联系和新的秩序中。这也被人们称为物品的再度维度化或者再度语境化。

　　除了叙述和展览，我还要加以区别的是第三种基本形式：展演。这一概念经常被轻蔑地与"造作"和"娱乐价值"联系在一起——接下来的一步通常是"迪士尼化"。然而我在这里对展演这一概念的使用是描述性而非评判性的，并且从一开始我就考虑到将其用于这一章的标题。对于这一不明确的、被普遍化的用语我将在这里进行一些限定，以保留其明显区别于到目前为止讨论过的其他表现形式。展演的第一层意思是媒体演示，这一动态的图像形式包括所有以历史为题材进行的影视创作。以电影、电视、视频和数字媒体为媒介，对历史的再现发展成为全新并且具有广泛影响力的公共舞台表现，因此在这里对它进行详尽的论述是有必要的。例如我们可以对

---

[1]　作为普鲁士王朝展的执事，戈特弗利特·科尔夫以其切身经历详尽地描述了从"文本—叙述式"布展到"视觉—空间式"布展的转变。(科尔夫/Korff 2002,377—381)

大型历史展览和电影巨制,如对《路德传》《角斗士》和《帝国的陷落》之间的关系进行探讨,再或者可以讨论电视中纪实节目和信息娱乐片的一种新形式,这一形式通常被总结为"历史的科诺普化"这一统称概念。(康斯坦纳/Kansteiner,2003)(译注:"科诺普化"指的是德国电视中出现的将历史主题特别是20世纪德国历史与娱乐元素相结合而忽略罪责和责任问题的电视节目,这一讽刺概念以1984年主编《当代史》节目的德国电视二台历史学家科诺普 Guido Knopp 命名。)演绎着以大众媒体方式制作的动态图像的银幕,不断地填补着书籍和博物馆的重大空缺,同时也发展成为其强有力的竞争对手。

与媒体演示相区别的是空间展示。与博物馆展览不同的是,空间展示通常与一个舞台联系在一起,而这一舞台同时也是历史的发生地。在这一定义下,历史纪念场馆和所谓的"遗址中心"所展示的就是被作为历史舞台的历史发生地。"展示"这一概念,在技术意义上,指的是对一片场地以信息传播、体验可能性和行为需要为目的进行的充分利用;它不仅仅局限于虚拟娱乐的"主题公园"或者它的前身形式——声光表演(例如一年一度的海德堡城堡灯光秀, 即晚间在户外历史古迹利用灯光、音响效果并配以录音叙述等来展示历史的声光场面)。在城堡、教堂、村庄、纪念场所、集中营这些历史发生地,历史遗物或遗迹被保存下来,经过充分改造被用于参观目的;同时这些地方也可以用作电影的拍摄场地或者用于建立博物馆、档案馆和研究场所。

我们在这里不可忽略的,是这些不同的呈现历史的基本形式在实际中可以有尽可能多的组合形式。尽管如此,对各种展示模式的特殊性进行讨论并对其进行概括性的描述,还是十分具有启发意义的。

基本形式 & 组织结构	媒介	形式
叙述	文本	历史小说
时间和因果的先后关系	平面媒体	科学出版物
议论说明或者想象再现的		
视为虚构的		
展览	文字	博物馆
空间中并列的	绘画	装置艺术
空间中物质布置形式	数字媒体	物品
展演		
媒体性	电影	纪录片
将传递情节的	电视	历史电影
动态图像	视频	记录分析或者虚构的制成场景
	DVD	
地域性	历史发生地	纪念馆
在历史发生地的表现和表演	遗址和遗物	历史舞台
想象的追加体验与既往历史的		"遗产旅游"、"活着的历史"活
	活动的人	
重新设定		动、事件、历史节日

物件的魅力

与展品有关的环境

　　正如我们谈及"被体现的过去"的几代人时一样，我们在谈到展览陈列品的时候可以称历史为"被物体化的过去"。当我们从历史展览这一主题过渡到它的博物馆形式这一问题时，必须对陈列品的环境做出一些说明。汉娜·阿伦特（Hannah Arendt）曾经写道，回忆要求"实在物品的可触及性"。"没有源自回忆本身的物体化"，回忆将悄无声息地消失（阿伦特/Arendt，1981：87）。"物体化"这一概念并非来自意识形态批评的武装中心,它并非错误地停留在物化这一性质上,其涉及的是回忆自身的一个极其重要的前提,回忆正是将自己嵌入并且依附在某一具体的物体上。博物馆及其收藏和陈列品正是建立在这样一种认识上,即物件可以作为回忆的存储设备发挥一种不可替代的影响和力量。艺术史学家及博物馆学家戈特弗里德·科尔夫将物件的"记忆诱发能力"归入一个较高的等级(英文单词 trigger 比德文单词 Erinnerungsveranlassungsleistung 短)。(科尔夫/Korff,1999:330)

克日什托夫·柏米安 (Krzystof Pomian) 提出了一个符号学的博物馆理论,这一理论的出发点是将博物馆作为一个象征空间,在这一空间里所有的物品自然而然地成为过去历史的符号(柏米安/Pomian, 1988)。以"逃亡、驱逐、融合"展为例,我们能够区别作为符号的指示对过去的各种形式。首先这里有具有历史见证价值的证明原件,它们同时也证明了自身的真实性。这一类大致包括地图、政令或者逃亡者们的通行证,这些都被作为权力拥有者和统治官僚的工具呈现在我们面前。其他具有历史见证价值的证明原件还包括本身不具符号性的历史遗物,然而只有在历史讲述的过程中它们才成为不再沉默的历史见证部分,例如一辆破旧的小车或者象征整个流离失所的生活和苦难事件的难民庇护所的一部分。此外,具有历史意义的物件还有具有个人纪念价值的物品,这些物品将个人的生活轨迹和苦难历史具体化了,例如难民营中某个小女孩用纱布带缝补成的圣餐服,或者是提醒作为期望而落空的钥匙串。附着在这些物件上的具体的个人记忆价值是博物馆参观者们无法在事后体会到的。作为弥补参观者无法切身经历历史的缺憾,博物馆理论家们认为,这些展品表现出一种令参观者们"在感官上身临其境的特质";它们刺激着参观者们的想象,并在其心理上架起了一座主体和物体、当下和过去的桥梁。

不过在"胁迫之路"展览中，所陈列展品的意义不仅在于展览设计的符号学方面，它们在博物馆之外的政治语境下也获得了极大的意义。物品的这一政治意义叠加在其历史意义之上，使其成为一种冲突关系的战利品。这一点表现在，作为被外借物品，这些展品在政治压力下被捐赠者要求提前归还。例如这些物品中有一面旗帜，是由一群曾经被遭送至西伯利亚的波兰人提供给反驱逐中心用于展出的。除此之外，古斯特洛夫号邮轮上具有象征意义的立钟也被要求归还（译注：古斯特洛夫号纳粹德国邮轮，"二战"末期用作装载被苏联红军围困在东普鲁士的德国人，1945 年在波罗的海被苏军击沉，造成了历史上遇难人数最多的海难）。针对这一事件，2006 年 8 月 18 日的《法兰克福汇报》写道："继华沙城市历史博物馆于周六再次收回两件展览物品之后，波兰海事救援局又向组织者提出提前归还在战争中沉没的难民船'威廉姆·古斯特洛夫号'上的立钟……救援局的负责人说，虽然在合同中确实提到了'反驱逐中心的承办关系'，但是作为波兰人他无法建立'这三个字母'（即反驱逐中心 Zentrum für Vertreibung 的缩写 ZGV）与斯坦巴赫女士之间的联系。"（由于当时的一次欧洲内部关系危机，她成为波兰政治圈内不受欢迎的人士）这些展览物品显然不仅仅是带有历史见证价值和感受价值的残留物品，在欧洲的边界冲突中，它们也具有极强的催化剂功能。正是在这样的框架条件下，展览中物品的博物历史见证价值让步于当前的政治象征价值。象征性承载展览陈列品的框架并非仅限于清晰划定的博物馆空间，它还超出这一范围广泛地延伸至政治行为领域。在这一点上，神圣罗马帝国展的某位参观者所惦念的缺席于众多展品中的权力象征物与"威廉姆·古斯特洛夫号"上的立钟有着某种相似性；在这两个事例中，物品超越了展览的时空，而植根于围绕象征的十分全面的政治解释中。

闪烁的屏幕和数字代码为数据载体的物质性带来了一种全新感觉，电子的瞬间性与其耐久性相对、加速的信息流动与其传达的持续性相对产生了全新的感觉。在这些条件下，存储记忆的机构——博物馆、档案馆和图书馆——获得了全新的意义。一份羊皮纸书稿、一只花瓶、一座铜像、一件破旧的衣服、一卷档案，这些物品所具有的不可简化的物质性，是其自身意义中不可分割的一部分。剥离物品的物质性而将其简化成信息，这在字母文字时代便已成为可能，而随着数字文字的出现这一趋势无限增强。这一抽象化的超前技术实现了世界范围内的跨媒体数据流动；它也同样让我们得以观察这一被分离的物质性中所包含的特性。存有年代痕迹并且触手可及的物品是另一个时间和空间的担保。罗兰·巴特曾经讽刺地称其为"我们世俗的圣物龛"。这些遗物"摆脱了一种神圣意义的所有痕迹——除了一点性质它们无法摆脱，这一性质曾经存在现在已不存在，但却在此刻表现为某一消失事件在当下的象征。因此亵渎这些圣物有如毁灭现实一般"。（巴特/Barthes，1970：154 等）

民族学者克劳德·列维-施特劳斯（Claude Levi-Strauss）以一种极其相似的方式描述了所谓的 Tschuringa 的作用。这是一种被澳大利亚原住民装饰成椭圆形的用于与祖先进行交流的物体。澳大利亚的原住民用它与祖先交流，人们完全可以将其比作能给神话的远古时代打电话的手机。如列维-施特劳斯所强调的，原始时代的存在与消失是与这些人类制造的工具联系在一起的。"因此，我们的过去也是。"他继续说道，"如果我们丢失了古文书，不会因此从地球上消失，但是，被称作历时性生命之液的诱惑所驱使的东西，则会从过去被剥夺。"（列维·施特劳斯/Levi-Strauss，1973：279）他认为，历时具有不断化为共时的趋势，为了抵抗这一倾向它需要一些特殊的对抗和障碍。当互联网让步于共时化的迫切要求，博物馆和档案馆则成为"历时性生命之液"的场所和要塞。

复古文化和怀旧风潮

在博物馆之外，历史遗物同样可以成为一段遗失的过去的符号。我们都知道有这样一些物品，它们储存了我们生活的重要部分；在我们即将失去它们或者不得不与它们分离之前，我们总能意识到它们的"记忆诱发能力"。历史与历时的命脉其实并不完全依赖于人们所组织的博物馆展览或者珍贵古老的物品。在历史展览多样性的另一端——在这里我们至少需要稍作了解——是被随意廉价组合在一起的历史展示，它们贴近当代，日常平凡，并且十分个人化。它们不受机构的保护也没有固定的展示空间，而是七零八落地遍布于大街之上。我在这里指的是那些跳蚤市场。在那些曾经的物品最终消失之前，跳蚤市场挽留了其片刻的存在，并使它们有被再利用或者再估价的机会。70 年代盛行于联邦德国的不仅仅是恐怖主义和斯陶芬王朝展览，也是地方自治体每年一次在大街上免费收集大件垃圾的时代。在这前一天晚上人们带着极大的兴趣对它们仔细进行检查，其中一些被人们迫不及待地带回家收藏起来。除了游行示威，"大件垃圾"也成了"六八年代"人的兴趣所在。用碱性的苏打水浸滤橱柜和抛光桌子成为了一种大众运动。若家中的前辈没有为后人留下任何家具，那么新的私人住所就化身成了一座旧家具博物馆，这里的每一件物品以其各自被偶然发现和回收再利用的遭遇有着自己的经历。①

---

① 研究这一"回顾文化"的历史学家是受到马克思主义启发的微观历史学家拉斐尔·萨穆尔（Raphael Samuel）。他将对过去的民族想象和情感联系起来，作为自己大规模资料丰富研究的对象。

俄罗斯犹太裔记者玛莎·葛森 (Masha Gessen) 写了一篇关于历史、生活经历和废旧物品之间关系的文章。当她 14 岁从苏联移居美国时,曾试图在那里寻找到能够重新为她所用的过去。她在二手商店里寻找那些被穿过的牛仔裤,"它们上面被磨破的地方应该证明,我曾一直在这里"(葛森/Gessen, 1999)。后来,在柏林的跳蚤市场上她才真正找到了自己的过去,也就是她曾经是如何从东方迁移到西方去的。她的历史就是"那些在儿童时代玩耍的、喜爱有加并且拿来交换的俄罗斯娃娃、玩具士兵和印第安人"。这些物品曾经是她的"收藏品"——人们吹嘘的正是这一点,"然后被无情地拿来交易"。它们最终就是从这样的历史背景中散落出来的。现在它们被放在完全另一个地方出售,这段曾经可以被完全陌生的人所占有。人们可以在废旧物中购买到一段新的童年吗? 玛莎·葛森问自己。"如果可以在另一个人的童年中重新发现自己,那么我为什么要留着自己的童年呢?"当生活史浓缩至破旧磨损的物品时,它们是否可以被交换呢? 在她描写的另一种情况中,民主德国的历史以勋章、旗帜和荣誉奖章的形式被售卖。当曾经的荣誉价值挥散以后,这些奖章获得的是一种新的市场价值。那些曾经沾染鲜血和汗水的,那些曾经将人们历练成型,给人们带来喜悦、纠缠和伤痛的,全都被排列有序地摆放在跳蚤市场上,等待着新的收藏者和新的环境。

悠闲地从小摊和出售物品旁边踱过的玛莎·葛森意识到,"废品"与"掠夺"有着或多或少的关系。(译注:"废品"的德文单词为 Plunder,"掠夺"为 plündern) 很多物品之所以散落在小摊的桌上,不仅仅是因为它们破损或者贬值而被现代生活所抛弃,还因为它们曾经属于那些粗暴掠夺它们的人们。某些被摆放出来的物品不单单是多余的或者罕见的具有特殊交易价值的个人收藏品,它们自身还带有另一种不被公开承认的历史指示意义。瓦尔特·本雅明在他的第

七条历史哲学论点中以一段著名的激进描述回忆道，博物馆的前
史，也就是收藏和文化珍品的前史，与战争中所掠夺的赃物和战利
品有着某种联系。"没有一座文明的丰碑不同时也是一份野蛮暴力的
实录。正如文明的记载没有摆脱野蛮，它由一个主人到另一个主人
的流传方式也被暴力败坏了。"（本雅明/Benjamin，1977：254）对于
玛莎·葛森来说，这一认识在犹太会教堂对面奥拉宁堡大街上的一
家古董店里忽然变得具体清晰起来。她发现了一只希伯来宗教仪式
用的圣杯和一双皮制的婴儿鞋，棕色，保存完好，带着一个按扣。古
董店的老板，一位老嬉皮士，记不起他是从哪儿得到这些东西的。
"鞋，不知道怎么地，它成为'二战'暴力行径的象征。在奥斯维辛
集中营遗址上建立起来的博物馆，以陈列受害者们的鞋——相当多的
鞋——的方式，表明这些暴力行径的程度之深、范围之广。唯一一双
棕色的儿童皮鞋给了我重重一击，起因显然并不是鞋本身——而是我
所缺乏的内心准备，在我毫无心理防备且尚无法克制内心情感的一
刻，一种过激的情绪忽然令我认识到我是谁：在统一的柏林的东西
方犹太人。"

历史展演

接下来我们将详细介绍除了叙述和展览外的第三种类型：展
演。在列举一些实例之前我们必须对该词本身做一些说明。"展演"
这一概念如今得到了十分广泛的使用。例如与"全球化"和"个性
化"一起，它被作为所谓的"第二次现代化"的时代概念引进。展演
概念的流行不仅关系到一种新的力图吸引公众高度注意力的展现形
式的意识，它还与对真理概念实体层面的怀疑有关："科学家们必须
逐步有效地公开他们基础因素的不稳定性，新的规则是存在的，借

助这些规则一种特殊的知识应当获得认同。这种规则之一就是'展演'。"（德-哈恩/de-Haan，2005：15 等）在博物馆学话语中，内部展览一般由"展演"一词来描述，而这一概念往往与"真实性"有争议地对立出现。

展演是一种构成主义了解世界的关键概念，按照这一关系，现实并非事先存在，而是表演性地产生出来的。从这一意义上来说，展览是表演文化的一部分，而且能够被称为"物质表演"。参观者们也同样可以将自己视为展演的一部分。在这一普遍运用中，"展览"一词最先表达的是：它指示某物被制作并且被艺术性地进行处理。不过这绝对不是展演的特殊性，而是适用于所有的文化表现形式。艺术性这一特点不仅仅适用于展演，它同样适用于叙述和展览。因此这里应当强调的是将展演概念与叙述和展览明显区别开来的其他特点。在接下来的论述中，展演仅适用于电影和电视中活动的媒体图像这一表现形式，以及在历史地点的身体表演行为。

（好莱坞）电影中的德国历史

与历史电影相比，博物馆和展览是难以进行再加工的处理形式。虽然相对于电影而言，它们的优势在于直接处理原始物件并且与历史具有地域上的联系，但同样是博物馆日益追求的"体验品质"，在电影媒介中实现起来却要容易得多。这不仅仅因为历史电影与叙述有着紧密的联系，而且总体来说，它展现的是一次自身完整的叙述。展览通常是多视角的，它对众多史实进行概述却不预先设定结论性的诠释，而是要求参观者自己建立联系、产生回忆、以自己的观察得出结论；而电影则以戏剧性的转折点将历史汇集成一个故事，并且设定了受众人景仰的英雄角色或者吸引观众的人物形象，与此同时，观众则能将自己带入这些角色。由于以胶片形式对历史进行的重建追求的是一个"故事"，而不仅仅是由史料编纂而成的"历史"，于是它使得在想象中对历史情节进行重建成为可能，好似人们亲历事件过程一样。这一点早就与媒介的决定性有关。人们在阅读一本书时可以随意中断，或者在参观一次展览时能够自主选择参观路线并且选择他所感兴趣的展品，但在电影中人们则被固定在组合在一起的图片顺序中，为了渲染气氛和增强体验，这些图片顺序还被配上了话语和音效。即便是 19 世纪的戏剧舞台也无法像现在的（好莱坞）巨制电影那样如此具有令人感动的临场感般对历史进行叙述。通过由摄像机镜头融合在一起的视角，叙事电影与描述对象之间能够建立起一种情感联系，并且营造出一种与遥远过去的亲近感，不过，经由认知和观众的不满而产生的未解决的问题，也可能没有被认真地加以对待。通过图像的魔力，电影表现的是一种可疑却有亲近感的存在；它邀请人们踏上一次时间旅行，并且赋予人们探视一个已经遗失并且因此再也无法重建的真实生活世界的特权。电影就像直达地下停车场任意一层的电梯，它将我们带进一个遥远或是临近的过去时代，然后通过对想象进行技术强化令逝者在我们面前再次现身。这一媒介的致命危险就在于，观众错误地以为自己就是见证者，而他实际上只是观众而已。从"就像我当时在场一样"产生的是"我当时确实在场"的幻象；假定性的"当时可能是这样"于是屈从于"当时的确是这样"的谬论。电影图像的魔力对想象和记忆施加了一种不可抗拒的力量，而大脑则很难分辨这两种精神上的程序。电影图像——完全从古典时期的记忆法来说——是行动的想象，是具有高度情感潜能的被深刻映入想象和回忆的表演图像。历史电影的潜能，同时也是问题，就在于这样一种以图像扭转历史时空并同时与其重叠且将其封闭的魔力。

　　将叙述、展览和展演的不同表现形式拿来相互比较是完全没有意义的。这里更重要的是，认真对待其由各自的可能性而产生的多样性，并且建立起它们相互之间的联系，以便纠正容易出现的片面性。我们可以认为，在对历史的回忆中，电影具有越来越重要的意义。正因如此，它同时也面临着新的责任。它成为了历史小说、历史戏剧、历史歌剧和 19 世纪其他大众历史媒体如叙事诗和历史油画的后继者。以扣人心弦的科幻电影向其孩子们讲述德国历史的马蒂亚斯·马图塞克写道：德国历史"除了纳粹时代还有其他部分，人们也许不相信，它有它的幸福时刻，也有它的悲情时刻，它既感动人心又残酷无情，所有这些它都有——然而对于德国电影人来说却并非这样"。(马图塞克/Matussek，2006：166)

　　纳粹时期显然对于电影人来说仍旧具有极大的吸引力，这一点从那些从未间断的希特勒系列电影中便可看出。那些排除在历史之外而留存在个人记忆中的，在集体的想象中不断被新的图像再次激活。迎合广泛大众群体的历史电影的出现，不仅仅是为了满足对轰动事件的追踪，而且是再次呈现人们所无法把握的集体。它并不是简单地重建过去，而是为现实当下提供一次具有吸引力的讲述和一幅合适的历史画面。例如伯纳德·艾辛格（Bernd Eichinger）的电影《帝国的毁灭》的目标就是，为统一后的民族重新衡量元首与其民众之间的关系（阿斯曼/Assmann，2007）。吸引不同年代人们的历史电影所做出的本质贡献就在于，它协调了一个社会当中异质的历史画面。它建立的是一个共同的想象空间，在这一空间中，民族国家将自己理解为超越自身的"想象的共同体"。好莱坞电影如今创作的历史画面都极具震撼力，并且超越了民族国家的层面。斯蒂芬·斯皮尔伯格创作的《辛德勒的名单》给世人留下了关于犹太大屠杀的意义深刻的画面，同样深刻的还有同为斯皮尔伯格制作的《拯救大兵瑞恩》中的"二战"画面。大众的历史意识沿着这些电影的车轮缩减并且随之变得繁复冗杂。在伯纳德·艾辛格和冯·唐纳斯马克(Florian Henckel von Donnersmarck)近期制作的电影中,德国扮演着两个新的强大的"全球角色",这两个角色在历史意识的国际模式化这一层面上起着相互协助的作用。

因此历史电影的另一个重要任务就在于,对缠绕于社会中的回忆找到能够将其一般化的表现形式并挖掘其潜在的意义;也就是说,它们正化身潜伏在某处,却尚未找到合适的可清晰传达的方式。电影表现了孕育在社会中的记忆,并且通过一种艺术的形式赋予了它们在集体记忆中的客观立足点。此外,历史电影的另一个突破点是,增强广大群众对于新主题的敏感度,并且通过对这种情感投入意愿的充分利用打开进入历史的新通道。从这一意义上来说,独裁和暴政显然为大型巨制电影提供了进一步的素材。例如 2007 年 8 月,在同一时间内有三部以 20 世纪德国历史中骇人事件为主题的大片在柏林(部分还在同一拍摄地点)进行拍摄:这三部电影分别是关于 1944 年 7 月 20 日的《刺杀希特勒》(导演:布莱恩·辛格,编剧:克里斯托弗·麦奎里和纳森·亚历山大),关于院外反对派(尤指德国 60 年代末以青年和学生为主体的左翼组织)和恐怖主义的《巴德尔和迈因霍夫集团》(导演:乌立·艾德,改编自斯特凡·奥斯特小说),以及关于纳粹往事渗入战后西德的《朗读者》(导演:安东妮·明赫拉,改编自本哈德·施林克)。①

三部同时在柏林进行拍摄的历史电影中,有一部引起了极大的轰动,那就是《刺杀希特勒》。该片是好莱坞对德国抵抗国家社会主

---

① 在三部电影的拍摄过程中,导演们围绕着法庭大楼的取景地展开了争论。为了获得安静的拍摄环境并且避免斯陶芬贝格和红军排的扮演者多次出现在真实的建筑前,《朗读者》的制作方当时决定在巴贝斯堡电影制片厂(Babelsberg)1∶1 还原法庭大楼。

义运动中关键事件的影像仪。这一拍摄计划遭遇的反对主要集中在
两点上:信奉山达基教的汤姆·克鲁斯 (Tom Cruise) 被认为不配扮
演这一事件主角克劳斯·冯·施陶芬贝格上校 (Grafen Claus Schenk
von Stauffenberg) (译注:德国政府不承认山达基教,认为该教派是
"赚钱的邪教")。此外这一暗杀事件的执行地点,同时也是施陶芬贝
格于 7 月 20 日进入 21 日子夜时分被枪决的地点──本德勒纪念中心
的场地(译注:即影片取景地)是不可亵渎的。对于这一拍摄项目,生
于 1973 年的冯·唐纳斯马克──没有哪个德国人比他更了解好莱坞
电影以及历史电影这一行业──详尽地表达了自己的立场。在其关于
这一争论的文章中,这位 2007 年奥斯卡最佳外语片导演越过众人的
普遍论述将问题上升到了另一个层面。我们在这里感兴趣的,是他
关于大型历史电影这一类型的思考。他坚持认为,进入这段历史的
通道正是由巨星们打开的,"因为巨星是唯一能够将广大群众带入沉
重主题的人"[1]。作为"好莱坞电影的大人物",电影导演布莱恩·
辛格"明白应将老、少,受过教育和未受过教育的观众都吸引进电影
院",他请超级巨星汤姆·克鲁斯来扮演希特勒刺杀者施陶芬贝格的
决定,被冯·唐纳斯马克认为完全是一次意料之外的机缘巧合。克
鲁斯将"以他的巨星光芒照亮了我们那最黑暗的历史篇章中少见的
闪亮时刻"。本身在东西方、外国生活过多年的冯·唐纳斯马克评价
这是一次巨大的文化政治机会:"通过这部影片,他给德国的国际形
象带来的大幅提升将远远超过 10 次世界杯。"他也明确指出,人们
既不可以期待也不可以要求大型电影这一类型中历史的艺术真实主
义。这里涉及的是切身的感觉而不是众多细微的事实。在电影中许

──────────

[1]　福洛里安·亨克尔·冯·唐纳斯马克:《德国的希望名叫汤姆·克鲁斯》,发表于《法兰克福汇
　　报》2007 年 7 月 3 日。

多单一事件融合成唯一的事实，这也被冯·唐纳斯马克称为历史的"浓缩"及其"实质"：在这里就是施陶芬贝格的某种英雄主义情怀，它指使他打破效忠誓言以强烈的内心良知去暗杀希特勒并希望以此方式结束独裁。好莱坞电影绝对没有歪曲这一事实，而是最先将它呈上银幕。不过在德国，冯·唐纳斯马克认为，这一英雄和偶像的时代恐怕还没有到来。与之相反，笼罩在德国的是一种担心永恒不灭的德意志神话遭到亵渎的傲慢的恐惧。

历史的舞台：关于历史地点的展演

西蒙·阿提和索菲·卡勒的两个柏林文化项目

如今对历史地点进行标记的推动力不仅来自旅游行业和纪念场所的管理部门，它同样还来自艺术家、城市和社区。我们首先来看看艺术家们吧：他们偏爱从不显眼和不可见的地点着手，这些地点没有遗址价值也没有被承认为历史发生地的地位，却转化成为艺术家们的思维启发点。正因如此，他们对一个悬而未决的问题做出了非常重要的贡献，即我们在当代承认的历史是什么或者我们准备在何处接受历史。许多艺术家们都以这种方式将焦点聚集在引起或屏蔽人们关注的机制以及回忆和忘却的力学上。艺术家们的介入对这一文化原则问题做出了重要的元层次反思的准备。

标记不显著历史地点的案例之一是西蒙·阿提（Shimon Attie）在柏林亚历山大广场北面谷仓的灯光项目（阿提/Attie，1991）。这一地区在工业化背景下于19世纪发展成为穷人区和"柏林的后院"。大概在19世纪末，许多为躲避俄国和波兰（种族和宗教）迫害的犹太人在提供廉价住所的谷仓地区定居。于是这里出现了许多自发形成的东部犹太人生活聚居区。阿提收集了这一居住区的照片并于 1991 年在黑夜中以幻灯的形式将胶片原片投射到尚存的同一房屋之上。他的灯光项目还呈现出某种幽灵文字的效果：希伯来文字瞬间重现于店铺之外，人影则重现于窗户和门中。然而这里被唤回的关于曾经的犹太人的生活画面却只是在"无形的"灯光方案中瞬间闪回；这些装备（除了照片）没有留下任何残余痕迹，而是悄无声息地再次消失在黑暗中。

　　另一历史展演案例来自法国艺术家索菲·卡勒（Sophie Calle），马丁·格罗皮乌斯博物馆在 2004 年举行了她的艺术作品回顾展。我们感兴趣的是她 1996 年的作品《分离》（*The Detachment - Die Entfernung*），这一作品涉及的是重新统一的柏林的历史。为此她探访了一些地点，而这些地点中曾经的民主德国政治标语和标志已从柏林的城市形象中被抹掉。同时她调查了这些元素在居民回忆中的在场与不在场："我请求路人和居民描述那些曾经占据这些空白位置的物体。我给这些已经成为不在场的地点拍照，然后用对它们的回忆填补那些缺失的遗迹。"[①]通过对路人的询问，卡勒不仅为城市空间的行人关注度问题，而且为记忆中的历史这一问题做出了实证性的并且十分具体的贡献。受访者们通常以非常激烈的反应一方面表示，人们对于变化的感知是多么的不明确以及记忆的存档是多么的不清晰，而另一方面——这并不与第一点对立——也表示那些消失在行人意识中的画面其实还历历在目。

　　例如在民主德国时期，人们可以在尼古拉区的一面房屋墙壁上看到一只和平鸽画像，以及它身旁的"柏林——和平之城"这一标

---

① 索菲·卡勒关于她的《分离》项目（http://www.bundestag.de/bau_kunst/kunstwerke/calle/index.html）.

语。受访行人中的一位表示："'柏林——和平之城'这句空话只是国务委员会主席也就是埃里希·昂纳克（Erich Honecker）的心愿，这是他本人挑选出来的，这行字对我来说实在是讽刺。在民主德国有过和平，不过那是公墓里的和平。很可惜这句话现在被抹掉了，否则人们可以对此大做文章。"

边界城市黑尔姆斯特市的"无边界"项目

在愈演愈烈的争夺关注度和财源的文化竞争背景下，对德国城市的形象维护扮演了非常重要的角色。正如眼下的大学必须为争夺精英地位并获得随之而来的经济支持而拼命自我显示，在欧盟为增强欧洲融合所倡导的框架下，德国城市也登上舞台，为夺取 2010 年的"欧洲文化名城"而角逐。在这场竞争中各个城市必须思考其各自特殊、独特的品质并将其发扬光大。候选名单中有十七座德国城市，它们都提交了内容丰富的竞选材料。最终于 2006 年 4 月获此殊荣的是埃森和鲁尔地区，这一荣誉为该地区带来了极大的经济效益。①在给定的"文化"框架下，参选地区或城市的历史也不可或缺，这一点成为了重要的、往往甚至是关键的自我展示对象。不过，哪部分历史被认为具有重要意义并将因此而获提名，并不是从一开始就设定好的。正如海德堡以浪漫传说、有悠久历史内城和德国最古老的大学为自己造势，鲁尔区的工业废区完全可以用废弃矿场来展现它的历史。竞选 2010 年文化城市的十七座德国城市中还有黑尔姆斯特市

---

① "文化名城"这一定语吸引了数量可观的游客，案例之一便是 1999 年的欧洲文化名城魏玛。该地当年的旅馆入住量上升了 56.3%。而一年之后，旅馆经营者表示，这一数量回落了近 22%。荣膺这一殊荣的城市当年的游客参观量平均增长 12.7%，随后则下降了 3.9%（当然，这一 600 页的调研结果表明，一些其他因素起了或多或少的影响）。

(Helmstedt)，（与布伦瑞克及其周边地区一同）其自我展示方案是
"无边界"计划。

　　自 1997 年以来，黑尔姆斯特市存在这样一个协会，它致力于保
存与原德国边界相关的生动记忆。"边境开放后，黑尔姆斯特市因其
历史根源及地理位置非常了解两德分裂的历史，为了实现共同的未
来，它感到有义务率先克服过去。在德国和欧洲，战胜'铁幕'的经
历在黑尔姆斯特市及其周围地区记忆犹新。"[①]在那些民主德国的建
筑和标志被拆除以及柏林墙的痕迹不断被抹去的地方——正如在柏
林所发生的，等待人们的将会是关于德国四十年分裂历史鲜活回忆
的快速消失。索菲·卡勒正是借助艺术手段引起我们对这段消逝的
历史意识的注意。

　　黑尔姆斯特市的"无边界——通向邻里之路" 项目的目标在
于，将近在眼前的德国历史"生动地表现出来并且为后人对这些历
史进行悉心整理"。为了这一目的，（他们）设立了参观黑尔姆斯特
地区历史机构的游览项目，这些机构包括黑尔姆斯特区域边界博物
馆、赫滕斯莱本边界纪念碑、马里恩伯恩德国分裂纪念馆以及"拱
手"纪念碑（'La Voute des Mains'）。这一地区被浓缩的边界历
史，人们在一次三小时的游览中便能亲身体验，在这趟游览中，东西
方的视野相互交织在一起。1996 年至 2004 年间共有大约 33000 人共
同参与了 1000 次左右的游览。

iPOD 作为导游：耶拿科斯佩达和古森的心理电影

　　我的下一个案例再次与 1806 年有关——这一为 2006 年的各种历

---

① 　引自市长海因茨—迪特·艾泽曼(Heinz-Dieter Eisermann)2006 年 12 月 22 日的一封书信。

史关联提供契机的年份。这些历史关联中的德意志神圣罗马帝国的终结，以一条《明镜周刊》标题[①]以及已提及的马格德堡和柏林两出展览引起了媒体的注意。此外，在耶拿和奥尔施泰特（Auerstedt）的两次战役也属于这些历史关联，正是在这两次战役中普鲁士-萨克森部队遭遇了拿破仑的毁灭性重挫。这一惨败标志了古老的腓特烈二世军队的覆灭以及普鲁士以军事、经济、社会和文化改革为形式的现代化的开端，而这些改革也为国家的形成奠定了基础。

在周年庆典的准备阶段，耶拿市邀请了十位声名显赫的艺术家设计纪念活动庆典方案。被选中的是加拿大艺术家简妮特·卡迪夫（Janet Cardiff）的项目，与她的伴侣乔治·布鲁斯·米勒（George Bures Miller）一起，他们在"回忆之地温德科诺冷"演绎了一场"耶拿科斯佩达听觉之旅"。（译注：温德科诺冷 Windknollen 是耶拿城中一座植被稀少的荒山，拿破仑曾在此排兵布阵。科斯佩达 Cospeda 位于耶拿以北，为纪念 1806 年普法战争中的耶拿和奥尔施泰特战役，这里建有一座纪念馆。）借助手中的 iPod 和耳机设备，这段听觉之旅的参观者们在孕育历史的战争场地进行了一次互动的漫步。iPod 作为引导替代了博物馆的语音指引设备，它将人们从室内展览空间引导出来，允许人们在划定的包含历史内涵的区域内信步而行。穿过历史的景象和它们黯淡的遗迹，耶拿科斯佩达战地的参观者们在震耳欲聋的炮鸣和马蹄原声中，在濒死伤者的哀嚎声中，在尖叫着的命令声以及逃亡士兵的急喘声中感受历史。在听觉漫步的过程中，他们倾听着一位时代见证者的讲述，当然其中也有后期制作的声音，如苏联军队的坦克轰鸣声或者苍鹰孤独的鸣叫。在这一艺术的声响

---

① 《德意志帝国，一个脆弱强国的崛起与陷落——200 年前结束的德意志民族神圣罗马帝国》，发表于《明镜周刊》2006 年第 32 期。

模拟过程中,每一位参观者都必须自我描绘出一幅头脑中的画面,这一内在画面替代了他们眼前的外在景象,这也就是艺术家将卡迪夫的项目称为"心理电影"的原因。

音效展演是一种尚未得到广泛应用的新兴媒体。它不仅被运用到如卡迪夫和米勒项目的遥远历史景象中,也同样适用于较新的创伤之地,这一点最近得到了一位奥地利艺术家的证明。成长于上奥地利州小村庄古森(Gusen)的克里斯托弗·迈耶(Christoph Mayer)借助一次音效展演将那些隐藏于最深处的历史提升到表面,并将那些被遗忘的历史深层在沉默了几十年后再次带到大众面前。[1]通过这一于 2007 年 5 月 6 日即古森解放 62 周年纪念日公开的作品,迈耶在历史意识化过程中,将其自身与他人相关联。他本人在青年时代是当地村庄根据禁忌和排斥而形成的团体的一员,该身份一直保持到他对这一地区的历史提出疑问并将其作为调查研究的对象为止。古森在"二战"中曾是战俘集中营,残酷的压迫和剥削致使 37000 名在矿厂劳动的俘虏们死去。战争之后没有留下任何还能忆起他们所受苦难的痕迹。回忆仅属于那些少量的生还者,他们每年都会回到这个地方,并在 1965 年树立起一座纪念碑。对于当地的居民来说,这些战争生还者们与他们毫不相干,在他们精心打理的私人住宅和花繁叶茂的花园里也没有任何透露古森这一悲怆过去的标记。

人们无法看到的,正是音效装置将它们深挖出来。借助一个 MP3 设备,人们听到的是各种各样的声音:既有引导性的评论,也有来自与时间见证者、受害者、凶手和居民的对话片段。人们走过这座村庄就像穿越一座博物馆,只是在这里,视线所及的并非可见的事物,而是通过感知穿越到的不可见的过去。这段听觉之旅无须移

---

[1] 史蒂夫·雷贝特(Stephan Lebert):《一座村庄与死亡》,发表于《时代周刊》2007 年 7 月 3 日,第 19 期。

动一草一木，便将被深埋的过去挖掘出来。它截断时间的横面，召唤
那些被压制和保持沉默的曾经回到意识当中。借助演示个人经历和
生动回忆的声音，当下与过去真实地联系在一起。这些直击想象边
缘的心理电影图像，必须由每个人在各自的脑海中形成。它们产生
于声音以及这些声音所包含的不同语言、语调和振幅，而这些并不
会结合成简单的历史教学课。纪念仪式不是这里的毕业科目，这里
关注更多的是参观者自身；并且，通过由片段、事件、感受、回忆和
观点交织在一起的网络，人们被引向一段被深深遗忘的历史，而如
何面对历史，每个人都有各自的方式。

亲历历史：作为现场演出的展演历史

当我强调展演这一概念时，指的是我们所面对的是现场演出中
的活动的人。耶稣受难剧和耶稣诞生戏是基督历史轮回到活生生的
当下的表现形式。华丽的游行是宗教仪式的一部分，像基督圣体圣
血节队列一样，游行时人们将离开教堂空间。在文艺复兴时期游行
属于宫廷节庆仪式，对于平民大众来说它就像焰火一样新奇。宫廷
节庆仪式是 19 世纪历史游行的起源，游行中上演的是城市和大学的
历史。在维尔吉尼娅·伍尔芙的小说《行为之间》中，她描写了某村
落节日中的一场历史游行盛宴（穿古代服装展现历史场景的游行），被
战争摧毁的村庄期望通过此举来确保自己的身份。历史游行的民间传统
有着各种通俗的说法。在网络中输入关键词"历史游行"（historische
Umzüge），人们便会得到提供相应服饰和道具的相关服务商。①

___

① 其中一个例子是："游行服装追求的是面向历史的供应。我们将以丰富的历史知识和实践经验向
您提供物美价廉的最优商品。请向我们索取试用样品、视频、照片、书籍以及免费的艺术家目录。"

具有重要纪念意义的年月的周期性回归并非仅以展览形式展开，它也为现场演出历史创造了契机。我在这里将再一次提及耶拿和奥尔施泰特战役。我们已经提到过的耶拿城市创新项目并不是对这一历史事件的唯一评论注释。通过在互联网上的悉心检索，我还了解到，在这一历史地点还上演着另一出展演项目。2006 年 10 月 14 日，在位于科斯佩达、吕策罗达（Lützeroda）和克洛泽韦茨（Closewitz）三地之间的某处历史战地，人们已经是第五次看到战役模拟场景了。来自超过 15 个欧洲国家以及美国和加拿大的 1200 名军事历史团体成员参与了这一"历史时刻"。这一项目迎来了 15000 名观众，一位评论员用德语、英语和法语向他们讲解了这些团体所开展的活动及其历史联系。这一展演的历史可以追溯到 1986 年，人们可以在网上搜索一些相关图片。这一流行的历史展演所受到的启发来自美国的"亲历历史"概念。它意味着通过活动的人对历史进行复原，这些人将在博物馆中模拟历史的日常景象或者独立战争中的战役。

在两周后的一天，也就是 2006 年 10 月 28 日，耶拿奥尔施泰特的历史在柏林继续上演。"拿破仑"亲自率领由 200 名士兵组成的军队穿越勃兰登堡门直至巴黎广场，在这里这座城市的钥匙被交至他手中。这是柏林城市博物馆第一次与"Historiale"协会进行该种形式的合作。在这场模仿秀中扮演拿破仑的是已多年在历史节日及电视节目中扮演这一角色的 37 岁美国人马克·施耐德（Mark Schneider）。例如 2005 年他曾现身欧洲滑铁卢、奥斯特利茨（Austerlitz）、莫尔蒙（Mormant）、霍拉布伦（Hollabrunn）、耶拿等地。作为一名历史学家，施耐德服务于美国一家"亲历历史"博物馆。因此他能更具有说服力地表达这一流行的历史运动概念："在书中阅读历史是一回事儿，而亲历历史是另一回事儿。再次扮演正是给人们以自己的身体去体验他人行动、苦难和追求的机会。"①

拿破仑扮演者马克·施耐德在 2006 年 10 月柏林被占领 200 周年纪念活动上

　　这些实例表明,"历史展演"这一关键词所涉及的是一个全新的现象,它与历史展览和历史电影明显区别开来,并且很有可能在将来获得更加重要的意义。这里很明显的一点是,模仿拿破仑演出的历史非常悠久,且被充分历史化了。激发了费希特发表激进的民族主义名篇《告德意志民族》的柏林占领区,已不再是德国的创伤。人们翻过历史的页面,从一个美国的拿破仑身上获得认同。这一德国的创伤变身成了欧洲节日,在这一节日中美国人和加拿大人也可以参与进来。但相比之下,"一战"和"二战"中的战役却并不适合重新演绎。任何对较新的历史创伤进行的模拟再现反而是不被允许

---

① 戈尔林德·舒而特(Gerlinde Schulte):《拿破仑来自美利坚》,发表于《时代周刊》2006 年 10 月 10 日,第 39 页。

的。不会有希特勒扮演者领着他的党卫军部队穿越勃兰登堡门来纪念 1933 年 1 月 30 日，或者在维也纳的英雄广场纪念 1938 年 3 月 12 日（译注：1933 年 1 月 30 日，希特勒的追随者为庆祝希特勒被任命为德国总理在柏林举行了盛大的火炬游行。1938 年 3 月 12 日，德国吞并奥地利）。显然并不是所有历史都适合以"活着的历史"的形式重新演绎；"活着的历史"作为被压抑的具有娱乐性的存在，它能成为历史，必须去除任何给人带来不安可能的因素。

此外我还想再列举维也纳和柏林的两个案例。2005 年夏天，在艺术活动"25Peaces"的框架下，人们在维也纳的英雄广场开辟出 60 块小种植园地，并对这些园地进行了三个月的精心栽培。开辟这些园地的目的是在解放六十年后纪念当年那些忍饥挨饿的群众，为了求生他们不得不充分利用每一寸土地。"这一稍显怪异的项目的目标人群主要是年轻的一代，人们期望以一种娱乐的方式让他们参与到国家纪念活动当中来。不过我们也同样希望引起那些到目前为止对奥地利的历史知之甚少的人们的关注。"①这种方式是否有助于青年们对历史有所得，是值得怀疑的。

在柏林人们还可以体验到一种完全不同于在奥地利上演的"亲历历史"的形式。1968 年至 1969 年 11 月，德国最有名的合租群体一号公社（Kommune I）曾居住在摩亚必特区的斯特芬大街 60 号（译注：一号公社这一政治集体的成员由学生运动的院外反对派成员组成，它被看作是资产阶级核心家庭模式的对立模式），而现在人们可以在这里租下一套公寓亲身体验当时的历史。需要特别感谢的是莱纳·朗汉斯（Rainer Langhans）和乌希·奥伯迈尔（Uschi Obermaier），通过他们的脱口秀和媒体曝光，人们仍对老公社成员抱有很大兴趣。

─────────

① http://oesterreich.orf.at/wien/stories/54375。这一艺术行动已发售书籍和 DVD。

此外，乌希·奥伯迈尔被翻拍成电影的作家自传《欢乐时光：我的疯狂生活》再一次将人们的这一兴趣唤起。可以这么说，人们对历史的兴趣并不仅仅依存于过去历史时期的伟大英雄形象或者意义重大的战役，主导它的还有对媒体明星的个人崇拜。①

　　这一章关于历史的表现形式将我们从红胡子大帝和马格德堡骑士带到了莱纳·朗汉斯和乌希·奥伯迈尔。我们在这里观察到的极尽丰富和迥异的历史展演（广义及狭义）实例，全部指示着某种共同的东西：对新史学的兴趣不仅越出了大学教室和研讨课中的专业历史学科，也越出了博物馆和历史展览。历史对公共空间的重新占领最先表现为 80 年代博物馆的兴建。在这十年间博物馆的数量翻了一番。当下我们正经历着历史展演的十年。于是历史学家们被迫将其到目前为止主要面向文字和文本的工作放在日益异化的媒体世界中寻求自我定位。②在专业性的历史科学的垄断结束之后，今天的历史掌握在一个不断增加的历史代言人的群体手中：除了教授们还有政治家、展览策划者、历史研讨会成员、公民运动参与者、电影导演、艺术家、信息传播者和活动导演。这并不意味着历史学家们的影响领域在削弱，事实完全相反。所有的历史项目都迫切地需要历史学家们，而他们今后也必须与其他人进行紧密合作。历史的中心由此从大学转移到了市场的文化企业中。

　　这同时也意味着，历史演变成为一个非常重要的经济因素。在学术、休闲和体验社会中，文化，特别是历史，成为市场的组成部分。借用迪特·朗格韦许（Dieter Langewiesche）的话，我们也可以

---

① 塞巴斯蒂安·雷波（Sebastian Reber）：《乌希与莱纳同在》，发表于《每日明镜》2007 年 1 月 28 日。

② 博物馆学家哥特弗雷德·科尔夫详尽地描写了七八十年代的历史学家（和哲学家）是如何艰难地与图像这一媒介打交道，以及在对两座新立历史博物馆进行评鉴时表现得多么不信任。

称其为"历史市场"(朗格韦许/Langewiesche,2006)。①政客们大笔投资辉煌展厅和社会声誉,城市和地区在游览名胜地的竞争中展演历史,而广泛的公众则为展示历史的橱窗买单,这些窗口承诺给人们的是娱乐性和体验经历、知识和身份认同,最主要的是它释放了观察不同于日常生活的另一个世界的眼界。再次转向金钱的战后社会带着极大的热情踏上了观光之旅,它同时也接受由大型历史展览提供的时光旅行的邀请。其中,展览文化经历了一次十分深刻的转变;展现的形式变得更加多样化、更加有魅力、更加精炼,平均每年9500万名的参观者能够证明它这一发展(译注:德国人口目前为8500万人)。相应的还有从纪录片到电视电影再到大型影院电影的视觉媒体形式的发展,通过紧凑的叙述、引人入胜的画面和夺人眼球的明星再演绎,这些形式按照自己的偏好重温着尚存在记忆中的历史。离开博物馆的封闭空间以及荧光屏和电影荧屏,历史展演也同样延伸到地区、城市和景观,它们或是被看作历史事件发生的舞台或是被活动的人们倾力演绎。

---

① 朗格韦许认为,当前对历史所进行的书写"在历史市场上只是众多选择的一种"。他在文章中描写了帝国时期的历史市场,与今日的历史市场相比,书籍是当时的主导媒介。他指出,1990年左右的书籍市场上充斥着关于历史的阐释,与其竞争的是后来学者们撰写的新教一民族大师小说。由异质的历史环境所支撑的市场实际上比专业话语更加灵活和开放。(朗格韦许/Langewiesche,2006:313)

展望：国家的重现

从当下到过去的转换从不间断也从不停歇。从普遍意义上来说，所有的一切都将成为"历史"，而我们也将失去与这些历史的生动联系。那些不再属于我们的，便属于历史；正如维尔吉尼娅·伍尔芙所说：它已然超越了生者所能触及和掌握的范围。[①] 从前几章中我们已了解到，在鲜活的当下和自成一体的过去之间并不存在一个清晰明朗且不可渗透的界限，它们之间存在的是一个弹性灵活的阴影地带。造成这一阴影地带的是那些即将成为过去和已经成为过去的人和事"仍在当下"的状态，这里所谈论的既有不同年代人的形象，也有早期历史时代的建筑形式，还包括将那些已经成为过去的物品和事件在建筑重建和历史展演过程中的"再次带回到当下"。"当下的消失"（这是克里斯蒂安·迈耶 2010 年一本书的书名）悄无声息地成为现实，并且这一过程仍不为察觉地继续发生着；我们所能意识到的是事实不动声色的远离，尤其是人们试图遗忘的事实，而这些事实却是与一代代人的交替同步发生的。英国作家 A. S. 拜厄特（A. S. Byatt）曾这样描述社会的记忆是如何以每三十年的节奏不断发生基本变化的："我们需要花几十年才能弄明白，我们之后的几代

---

① "The house was no longer hers entirely, she sighed. It belonged to time now, to history, was past the touch and control of the living." 伍尔芙/Woolf (1975:255).

160

'年轻人'像雨后的菌菇一样破土而出；如果 60 年代的年轻人无法
回忆起第二次世界大战，那么紧随其后的几代人将无法回忆起越南
战争，而再接着这几代人的之后几代，将不再会忆起马岛战争（即
1982 年的福克兰群岛战争）。"①

　　回忆作为被体现和被分割的历史经验与这几代人保持着基本的
节奏，这一节奏使得社会记忆中的历史如此多样、复杂和饱受争议。
相异的视角并列存在且不屈从于一段共同的历史，更不用说屈从于
"主导叙事"。在集权主义政权下，国家的中心任务便是协调和统一
社会记忆中的历史；众所周知，国家通过教育机构、历史博物馆、大
众媒体和政治规范来实施这一任务。若当前的环境普遍指向的是一
段具有爱国主义约束力的历史，如此刻在俄罗斯发生的那样，那么
个人记忆和家庭历史便获得了一种被视为"对立历史"的状态，非政
府机构中的持不同政见者关注的就是这一对立历史。相比之下，在
民主社会的历史市场上，人们可以有不同的历史叙事选择，这些历
史叙事在媒体中聚集了不同的观点并被置于饱受争议的讨论之下。
在历史市场上，处于中心地位的是回忆及其表现形式的多样性和对
立性，意即，历史将永远是争议的对象，必须不断寻求新的结论。不
过即便是民主社会也需要一段民族/国家历史；像英国、法国或者美
国这样带有极其强烈的爱国主义传统的国家——尽管殖民创伤和对
多民族性的认同在一定程度上动摇了这一爱国主义传统——仍旧能
够建立在强大的历史共识上，并且在国家层面上推动历史教育。因
为历史是一个民主国家构建自我形象以及获得身份认同的关键因
素，而德国尤其难以胜任这一因素。

　　我们可以这样描述民族/国家和历史之间的关系：它们产生于对

①　A. S拜厄特,《吹口哨的女人》,伦敦 2002,49。

方，又制约、证实和定义对方。在德国，这两者之间的关系是断裂
的，甚至可以说是无关联的，这是弑人的纳粹政权暴力积聚的直接
后果，正是这一政权挑起了第二次世界大战，并对犹太人大屠杀负
有不可推卸的责任。这一历史创伤——借此我们再一次回到本书最开
始提到的卡尔·汉斯·波赫尔——在西德人的历史意识中留下了一
片荒芜之地。像民主德国或者奥地利那样扮演抵抗者或者受害者
（或既是抵抗者又是受害者）政治历史角色的国家，在战后就不会有
民族/国家、认同和历史连续性的问题。然而如果哪个国家扮演的是
施害者角色，那么它就不得不退出民族/国家历史的传统。关于这一
点，历史学家哈根·舒尔茨在一次采访中谈道："这种普遍的对触碰
历史的恐惧感必定与国家社会主义和犹太人大屠杀的创伤经历相
关。回顾历史，这一事件成了整个德国历史的污点。在 20 年代，更
多的是在 19 世纪，没有其他哪个国家能赶上（德国）那些影响巨大
的历史畅销书的出版。然而国家社会主义就像一块巨大的岩石横亘
在历史的道路上。"（马图塞克/Matussek，2006：161 等，哈根·舒尔
茨/Schulze 1989）

　　民族/国家和历史之间的这种无关联在战后时期的联邦德国表现
为对历史和国家的否定。通过借鉴西方或者欧洲的价值观，或是通
过与西方世界的战略或文化结盟，再或是把关注点投向所谓的"世
界社会"，国家这一层面就能系统地不被列入考虑范围。这一态度具
有一种在整个公民社会中达成一致的可能性，因为它也被认为具有
"现代性"的特点。在现代化的话语中，Nation 是一种比较过时的概
念，它被人们抛之身后，弃于不顾。在现代化理论的框架下，卡
尔·W.多伊奇（Karl W. Deutsch）如是描述已达成一致的民族/国
家（Nation）这一消极概念："民族是由这样一群人组成的，这群人
基于对共同起源的错误看法和对邻人的共同厌恶而聚集在一起。"

(多伊奇/Deutsch,1972:9) 对这一带有攻击性的民族主义的讽刺描述让人不寒而栗,只有一个相对轻松的民族概念才能使得这一概念正常化。

哈贝马斯的不以民族性作为身份认同(确切地说,后习俗、后民族的认同)的观点正是由这一扭曲的民族/国家概念决定的,这一概念——哈贝马斯必须得到原谅——显然特别适用于德国这片土地。这一对认同的否认将"四五年代"和"六八年代"的代表人物们团结在一起。①虽然这一身份的延迟偿付有其历史的关联性以及一定的必要性,但是,正如我们在历史回顾中能够确认的,它也带来了两大难题。第一个难题便是,这一做法根本行不通。哈贝马斯倡导的"宪法爱国主义"——他借用了反纳粹、自由主义政治学者道尔夫·史泰恩伯格 (Dolf Sternberger) 的概念——完全忽略了心理社会的身份认同机制。它的问题不仅仅在于,它将自己定义为一种忽略情感联系的纯粹的认知要求,其问题还在于,它并没有公正地对待德国的历史状况。人们可以——像美国和法国所做那样——将爱国主义写入在革命战争中确立的宪法中去。在那些国家,宪法并不是抽象的法律条文,而是民族/国家历史完整且最重要的组成部分。但是,如果一部宪法并不是民众通过自身争取所达成的,而是在一种耻辱的状态下被"赠予"的,那么人们可以抱有无尽的感激之情,但那却绝不是爱国主义情怀。②认同的第二个困境是,它停留在一个历史的状态中,从而阻碍了必要的适应过程。它站在了德国人"正常化"的对立面,在德国重新统一和战后时期结束之后,德国人必须再次以一个民族的身份立足于欧洲和世界。

---

① 关于民族认同否定的特别的详尽辩护,请参见尼塔玛尔(Niethammer)2000。他本人就是出生于 1939 年。

② 请同时参见我的文章《自我的解放》,发表于《每日明镜》2005 年 5 月 7 日,第 23 页。

在哈贝马斯倡导不以民族性作为身份认同的同时，大学教育则忙于撇清民族和历史的关系。联邦总统瓦尔特·谢尔（Walter Scheel）在1976年的德国史学家会议开幕式上警示道："我们正处于成为无历史国家的危险之中。"在此六年之前，莱恩哈特·科塞雷克曾断言将会有一种激进的"社会科学和人文科学的去历史化"，并且指出公众对历史科学的彻底抛弃："来自所有时间和空间的无限丰富的历史认知对象失去了教育功能，而这一教育意义曾在于从历史的角度去理解世界。"（科塞雷克/Koselleck,1990:350,349）托马斯·尼培尔代在70年代初也写道："由于历史在较稳定的传统或者较大的政治、民族、自由运动中具有类似于使命的某种特质，随着世界战争时代的结束，历史时代也会成为过去。"（尼培尔代/Nipperday,1972:577）根据弗里德里希·迈内克（Friedrich Meinecke）的判断，历史的这一社会意义的缺失早在第一次世界大战之前便已出现。他在1908年便控诉道："我们的历史研究已经不是曾经的国家喉舌了，参与度也不如以前广泛了。"（引自霍克特/Hockerts,2001:39）尼培尔代和迈内克参照的是19世纪的情形，我们在这里将这一情形称为"旧历史主义"。它的特点在于历史学科和国家政治运动紧密相关、专业资料编纂和民族形成相互影响。在历史学科被国家社会主义再一次如此明显地滥用之后，西德的历史学科摆脱了这一狭隘的联盟关系。因此，当赫尔穆特·科尔在80年代启动他的历史政治首创项目即两座历史博物馆的建立时，这一观点也遭到质疑。对于民主德国来说合情合理的，联邦德国应当将其视为同等重要。建立在历史之上并且被国家推崇的历史意识表现得十分不可靠（柯卡/Kocka,1985）。随着历史与政治两者间联盟关系的瓦解，历史学科——与其他学科一样作为一种自主话语——同时也放弃了它的教育作用。

在历史普遍缺失这一背景下，胡波特·格拉瑟尔（Hubert

Glaser) 1978 年分析了这一时期大型文化历史展览所达到的不同凡响的成果。他认为，这一门庭若市的景象反映出的完全是"直面历史的需求"，并且人们期待"在展览中呈现比在博物馆中更为明显的作品的内在联系和历史意义"。格拉瑟尔还认为："对于这一期待的需求变得越大，过去在当下环境中不言而喻的存在就消失得越快。"文化历史展览对于他来说——完全从现代化理论的补偿功能来看——"是一种共同愿望的表现形式，即在生动的、不断加速的社会变化过程中不完全失去与传统的联系，并且稳固地停留在多层级的传统中，握紧历史认同的残余"。接下来的这句话值得特别强调："这一趋势恰恰在 60 年代末 70 年代初变得具有政治急迫性，并不是偶然事件；在自然环境和被改造的环境中，景观、村庄和城市从来没有——即便是在第二次世界大战中——像在这几年中一样发生如此深刻的变化。"（格拉瑟尔/Glaser,1978:89）

格拉瑟尔指出，六七十年代彻底的传统破裂并非完全归咎于战后现代主义，这一由谢尔斯基引进的概念我们在本书关于建筑的章节中已进行过讨论。它同样源自一代或两代人的某种意愿，他们期望与传统进行决裂并将文化糟粕倾倒进历史的废物堆。它无外乎是一次文化革命，追求的是对全新开始的渴望及其必然性，是对故步自封的文化遗产的摒弃，也是对被玷污的传统的合理拒绝。克里斯蒂安·迈耶写道，从 1945 年到 1989 年，德国战后时期的"特点是，德国人——尽管犹豫不决，并且以一种舍近求远的方式——彻底打破了那些大的小的、有问题没问题的、好的坏的传统，这一情况在西德比在东德尤甚；而且他们在很大程度上又重新开始了一切。对比欧洲任一国家，这一转变都更为广泛，即便这些国家本身也同样经历了深刻的变革，甚至在有些国家传统几近消失或者中断——然而都不如德国如此极端"。（迈耶/Meier,2001:128）

这一对待历史的态度被尼采称为"批判性的"(完全与"过时的"相对立)。这一态度与当时在大学中被奉为经典的批判范式有着一定程度上的联系。尼采是这样描写这一态度的:人类必须"积蓄力量,并且不时地使用这一力量来打破和消解历史,以便能够继续生存下去:通过将历史置于审判席之上,对其进行严肃的审讯并做出最终的判决,人类才能达到这一目的"。尼采认为,截断自己的根,"终究是一次危险的尝试,因为人们很难找到对过去进行否定的界限在哪里"。(尼采/Nietzsche,1962:229,230)

(尼采意义上的)对于自身历史的这种批判毁灭性态度宣称:"越糟糕越好。"庭上的审判越明确,人们就更能轻松地从所有负担中解脱自我。这里无可争议的一点是,这一态度在当时的确具有广泛的实用性和必要性。然而,这种态度更易于接受一种全局统一的视角——当位于高级审判员席上的人自以为是时,他们不乐于处理错综复杂和分歧差异。如迈耶所强调的,人们在德国比在其他欧洲国家更加极端地打破了坏的和好的传统。与我们的时代最近的案例即电影人冯·唐纳斯马克以及他为汤姆·克鲁斯所做出的陈情辩护。他在文章中也稍稍提及了人们触及和接受德国反抗纳粹运动的历史,他认为,这段历史在很大程度上已经成为我们历史中语焉不详的一章。属于"八五年代"的他写道:"德国纳粹所鼓吹的元首和民众完全统一的思想——即便是德国的敌人也认为这一思想合情合理,被战后的德国以一种可怕的方式继承下来了。"与尼采所述一样,从这一批判的、破坏的态度中衍生出来的还有一种具有引导作用的消极目的论的历史叙事,这是进步历史的转向,而这一转向将整个德国历史推向了希特勒中心。于是历史被打磨成了某种框架以及政治论据。这一消极的统一形象必须被分解并且向相反方向发展:"将谢林和希特勒 (Lukács) 放置在同一条发展轨迹上的人,不可以忽略从康德和洪堡到秉持不同世界观的国家社会主义的对立者的发展路径。"
(冯·拜梅/ v. Beyme,1998:77)

柏林墙的倒塌和两德统一突然终止了去国家化和对历史及其身份认同的禁欲主义时代。从那以后，具有身份认同作用的国家形象的缺失逐渐不再被人们视为优势，而越来越被人们视为一种缺陷。曾经表达积极意义的"后现代主义中的政治将不再具有维系统一的象征作用"这句话，如今不再被认同，而被认为是某种问题的表现。(冯·拜梅/v. Beyme,1998:218) 在 2006 年的世界杯上，人们在欣喜和狂欢般的气氛中再次挥舞起了德国国旗，在此之后，我们对以下的观点也难以表示认同："在轻松的欧洲一体化时代，与国家在情感上的认同已不再为大家所期待——正如年轻人在世界杯上所表达的，如果不是因为这场竞赛，他们才没有兴趣维护国家这一集体。"(冯·拜梅/v. Beyme,1998:86) 今天我们可以将这句话完全反过来说："在欧盟，人们之所以能成为欧洲人，是因为没有人不认为应该首先在自己的国家里成为一个好的公民。"(哈根·舒尔茨/Schulze,引自马图塞克/Matussek,2006:162)

在所有欧洲国家中，德国人的国家自豪感排在最后一位。这一点本身不应成为骄傲的资本，而更应成为担忧的理由。只是问题在于，人们如何才能从偏左的后国家主义传统中找寻出路，而不陷入偏右的国家主义。这里，哈根·舒尔茨的理论得到了一定程度的认同，即民族国家是"过滤器，它使得以不牺牲自身身份为前提的全球合作行动成为可能"。舒尔茨还认为："对身份认同的保证归根结底是民族国家最重要的功能之一。人们甚至可以说，一个具有自我意识的国家在与其他国家交往的过程中表现得更为大度，面对他者也更为宽容。"(舒尔茨/Schulze,引自马图塞克/Matussek,2006:165)

民族/国家的身份不仅希望在想象中被构建，它还希望能够实现感官上的再现。对于象征和象征策略的兴趣自 80 年代以来获得了极大的提升。在瓦尔特·谢尔 1976 年发表了关于无历史国家的讲话后的十年，历史学家米夏埃尔·施蒂默尔（Michael Stürmer）发表了一段著名的（恐怕要联系到奥威尔）讲述："在无历史的国家中，未来决定着谁将填补记忆、定义概念、阐释历史。"（施蒂默尔/Stürmer，1989）这句话今天听起来就像是科尔从彼特堡（Bitburg）到新岗哨博物馆的历史政治剧本。1990 年后，关于历史的教育作用和国家的历史教育的讨论被再次提上公众议程。当历史学家将历史的教育功能搁置一隅时，媒体对这一问题的关注越来越具有决定性。例如《明镜周刊》会定期对重大历史主题进行探讨，并且以一种极其吸引眼球的广告宣传方式吸引广大的阅读群体。2007 年 1 月，以《德国人的创造》为标题的一系列讨论揭开了德国欧盟轮值主席国和 G8 峰会的序幕。《明镜周刊》的分析远远超越了"我们又是谁"的定论："德国政治家们在 21 世纪头十年获得了足够多的象征性光辉——以及真实的权力。"同时得到人们认可的还有，"曾经醉心于权力并因此不得不长期保持低调的德国人……又不太适应他们在世界舞台上的新角色了"（《明镜周刊》2007 年第 4 期）。在这一期由五部分组成的系列讨论中，《明镜周刊》对德国的漫长历史进行了一次快速回顾，它再一次将人们带到哈茨山和莱茵河、易北河和萨勒河之间荒无人迹的森林和沼泽地。正如已经强调的，由于德国历史不具有国家的延续性，而是经历了不同的政治形态，《明镜周刊》系列讨论特意将重心放在了民族起源上，即民族和国家是如何在地域联系中产生的。在这一层面上人们读到的是如下关于身份的表述："最终来自巴伐利亚、萨克森、图林根或者施瓦本地区的民族融合在一起，于是他们相互之间最终拥有更多的共通之处，例如语言、文化和历史，以及将自身民族与其他民族区分开来并建立起一个统一体的明确可行性。这些民族中的任意一支与东部的斯拉夫人或西部的罗曼人的契合度都不如与这些民族高。……于是这些具有不同根源的群体融合成了一个民族，并且从中产生了——政治话语中的——国家。"

这一最新的德国漫长历史的起源说有三个特点。首先，位于历史中心的是德国人，而不是多样异质的国家形式。其次，这一国家的漫长历史是兼容并包的，通过申明遵循"基本法和德国价值观"，外国人和移民能够在这一历史中获得一席之地。最后，作者认为，从1933年到1945年的这十二年并没有被遗忘，但是"对于当代的决定以及未来的发展来说（这十二年）已不再具有决定性作用。……希望进一步了解民族认同及其历史根源的人，不再将视线不可避免地聚焦在纳粹时代上。当六十年后人们再次以电影、展览、回忆录等形式表述这段历史及其罪行全貌之后，对历史的自由探索尺度也明显加大了"。

这些语句表达的是一种现状还是一种愿望，其实并不是很明确。"所有的罪行"这一友善的表述具有某种起誓的成分，它明显表达了一种厌恶并且坚决要求"终结"那一历史时期令人不安的潜在因素。是否能够达到这样一种"终结"，只待未来来验证。另外一个问题是：《明镜周刊》以其五部分的专题系列（以及关于《德意志民族帝国962—1806》和《普鲁士——真实的颂歌》的增刊）真的最终实现了波赫尔如此急迫的要求了吗？

这一问题将我们再次引向新旧历史主义的区分。因为波赫尔关于民族和历史两者联系的观点以旧历史主义为基础，所以他很难对《明镜周刊》系列表示满意。他的辩解可能是：媒体中所展现的历史还不能被看作作为公共生活和意识组成部分的历史，它也不能被看作Nation的共同起点，简而言之：它还不能指示记忆中的历史。19世纪和21世纪的历史主义之间实际上存在着十分大的差别。区别之一即媒体的转换。盛行于 19 世纪的不仅有伟大的历史叙事和历史畅销书，还有大型历史油画以及在市民场馆和公共建筑墙壁上的画作。在展览、博物馆、舞台剧、小说、歌曲和叙事诗，以及在通过立面模式即可分辨不同时期的建筑中，国家和民族的历史无处不在。历史的教育作用能够以引发共鸣的图画、物体和文字为依托——想想少年君特·格拉斯对历史的崇拜。历史伟人具有一种神秘的光芒，他们被来自所有年龄层的人疯狂地热爱、纪念并同一化。

如今的历史市场上提供给人们的各种选择，都是"争夺关注度"文化背景框架下的短暂繁荣、灵感和成效。历史究竟能否以这一方式进入记忆以及如果能的话，它其中的哪些部分将进入记忆，这一点还有待长久的验证。展示策略与营销模式相适应的情况并不少见，历史重建也通常是完美过渡到情感上的再想象。（与展示相关的）历史变得更加多样化、更加夺人眼目，以及更加精工细制，然而这并不意味着，历史因此被更深更牢地固定住了。对历史进行展现的目的并非仅在于传播知识，而更多地在于情感参与、提升关注度和制造娱乐效应。瓦尔特·本雅明认为："民众不想被教育，他们需要的是被冲击。"正是这句话极其精准地切入了新历史主义中的媒体因素这一正题。区别新旧历史主义的除了媒体的转换，还有载体的转换。在 19 世纪，市民阶级是历史教育的载体和接受者。民族的教育意味着文化民族 (Kulturnation) 的教育。费希特在 1807 年曾经有过撰写一部国史大典的想法，这本书应当成为"德国人的一部充满激情的历史"。与此同时，歌德也正忙于创作一部诗文体的国书，他以圣经和赞美诗集为范本，并且使用了这两部经典中的部分段落。因此，19 世纪的民族国家认同建立在艺术和历史经典上。然而今天，这一受过教育的市民阶层已不复存在。这一阶层先是被认作国家社会主义的敌对形象，后又被视作左翼反动势力。他们其中的一部分选择与历史妥协，另一部分则被归入那些像污水一样被倒掉并被"六八年代"的愤怒打了个粉碎的传统。这便意味着：新历史主义必定产生于缺失教育的市民阶层的环境中。代替这一市民阶层的是消费社会。历史和艺术教育从主流文化变成了当前文化的一个组成部分。它并没有消失，却崩析瓦解并且不再构成国家身份的共同支撑。在市场的条件下，教养成了个人活动和个体享受的问题，并也因此成为服务对象群体的问题。

民族和历史曾经紧密共存的现象在两次世界大战和犹太大屠杀之后已不再成为可能。然而，在中学教育中必须突出的，应是与"漫长的"德国历史的反思关系，这一关系来自过去在当下仍然显见且有效用的痕迹，也正是这一关系致使这些痕迹清晰可见。企图绕道奥斯维辛这一历史的绊脚石是绝对不可行的，人们更应该试着将这一历史的石块融入德国历史景象的轮廓中去。在这一点上，矫正和学习这两方面在将来是十分有必要的，这两部分绝非相互排斥并且共同放弃德国和它的邻国以及政治盟友：德国人的内心视野必须与他者对德国的外在观点相适应；反之，外在观点也必须与内心视野相适应。

德国长期以来都是一个非匀质性的群体，在新的移民社会条件下它变得越来越具有多样性。因此，当人们在历史媒介中重新找寻民族/国家时必须注意到的是，德国不是仅有一段（漫长或短暂的）历史，而是拥有众多历史。由于欧洲的统一性这一特点，德意志民族历史的众多篇章无法被筛选进入民族/国家历史。19世纪和20世纪的国家神话塑造者（包括第三帝国）的任务计划是回顾直到中世纪时期的历史并对其进行民族化。德国历史绝不短暂，而是相当漫长，不过不是统一的漫长，而是多样的漫长。19世纪和20世纪留下的是民族/国家的历史印记，而中世纪、近代和启蒙运动则烙下了区域历史和欧洲历史的印记。德国民族/国家历史中具有不安因素以及高度情感负担的篇章，如犹太大屠杀或逃亡和驱逐，如今必须在跨国的，更确切地说是在整个欧洲的框架下进行重建。因此德国人有充分的理由来证实自己的多重身份认同，并且在他们的历史意识中多向并行。

在新历史主义中的背景框架下，记忆中的历史变得越来越琐碎，越来越复杂。鉴于同样变得越来越琐碎的社会，这一点可被看作优势。政治家们把历史的整合功能置于最重要的位置。正如斯陶芬王朝展览所强调的，人们希望通过对历史意识的锐化"重新获得并且深化我们的历史认同"。当然，具体实践比空喊口号要艰难得多。与之相对的，史学家们强调具有差异性的认知经历。对他们来说："人们只有通过历史意识才能获得历史认同，而这一历史意识所承认的是时代的差异性。"（波尔斯特/Borst，1979：19）在企图获得和差异意识之间，历史的任务是，确保已经变得陌生的过去具有适应的能力。我们与历史的关系徘徊在获得认同和保持距离所构成的一种无法化解的张力中。然而恰是这一点使得我们与历史的关系具有创造性。

参考文献

Ahbe, Thomas/Rainer Gries/Annegret Schüle, Hgg., Die DDR aus generationengeschichtlicher Perspektive. Eine Inventur, Leipzig 2006.

Albrecht, Clemens, Die intellektuelle Gründung der Bundesrepublik: Eine Wirkungsgeschichte der Frankfurter Schule, Frankfurt a. M. 1999.

Anz, Thomas, «Diskursive Effekte von Generationenkonstruktionen in der Literatur und Kulturkritik», Ms. 1994, Ⅰ-Ⅱ.

Anz, Thomas, «Epochenumbruch und Generationenwechsel? Zur Konjunktur von Generationenkonstrukten seit 1989», in: Gerhard Fischer/David Roberts, Hg., Schreiben nach der Wende. Ein Jahrzehnt deutscher Literatur 1989–1999, Tübingen 2001, 31–40.

Arendt, Hannah, Vita activa oder: vom tätigen Leben, München 1981.

Assmann, Aleida, «No Importance of Being Earnest? Literary Theory as Play Theory», in: Herbert Grabes, Hg., Literature and Philosophy (REAL 13), Tübingen 1997, 175–184.

Assmann, Aleida, «Erinnerungslosigkeit oder Geschichtsfixierung? Karl Heinz Bohrer auf der Suche nach dem verlorenen deutschen Geschichtsbewusstsein», in: Frankfurter Rundschau vom 7.7. 2001,21.

Assmann, Aleida, Der lange Schatten der Vergangenheit. Erinnerungskultur und Geschichtspolitik, München 2006a.

Assmann, Aleida, Generationsidentitäten und Vorurteilsstrukturen in der neuen deutschen Erinnerungsliteratur. Wiener Vorlesungen 117, Wien 2006b.

Assmann, Aleida, «Lichtstrahlen in die Black Box. Bernd Eichingers ‹Der Untergang›», in: Das Böse im Blick. Die Gegenwart des Nationalsozialismus im Film. München 2007, 45–55.

Attie, Shimon, Finstere Medlne. Projektionen im Scheunenviertel, Berlin 1991.

Barthes, Roland, «Historical Discourse», in: Michael Lane, Structuralism A Reader, London 1970, 154–155.

Beier – de Haan Rosemarie Erinnerte Geschichte – Inszenierte Geschichte, Frankfurt a.M 2005.

Benjamin, Walter, Über einige Motive bei Baudelaire, in: Gesammelte Schriften, I /2, hg. v. Rolf Tiedemann u. Hermann Schweppenhäuser, Frankfurt a.M. 1974.

Benjamin, Walter, Thesen zur Philosophie der Geschichte, in: Illuminationen, hg. v. Hannah Arendt, Frankfurt a. M. 1977, 251–261.

Beyme, Klaus von, Kulturpolitik und nationale Identität. Studien zur Kulturpolitik zwischen staatlicher Steuerung und gesellschaftlicher Autonomie, Opladen 1998.

Bisping, Mascha, «Die Stadt wird Geschichte. Das Ensemble in

Panorama, Denkmalpflege und Städtebau bei Karl Friedrich Schinkel»,
in: Harald Tausch, Hg., Gehäuse der Mnemosyne. Architektur als
Schriftform der Erinnerung, Göttingen 2003, 233-263.

Bode, Sabine, Die vergessene Generation: Die Kriegskinder
brechen ihr Schweigen, Stuttgart 2004.

Bode, Sabine, Die deutsche Krankheit - German Angst, Stuttgart
2006.

Bogdanovic, Bogdan, Die Stadt und der Tod. Essays, Klagenfurt/
Salzburg 1993.

Bohrer, Karl Heinz, «Schuldkultur oder Schamkultur. Und der
Verlust an historischem Gedächtnis», in: NZZ vom 12. 12. 1998.

Bohrer, Karl Heinz, «Erinnerungslosigkeit. Ein Defizit der gesell-
schaftskritischen Intelligenz», in: Frankfurter Rundschau vom 16. 6.
2001a,20-21.

Bohrer, Karl Heinz, «Historische Trauer und poetische Trauer»,
in: Burkhard Liebsch/Jörn Rüsen, Hg., Trauer und Geschichte, Köln
2001b, 111-127.

Boogmann, Hartmut, «Zwischen Lehrbuch und Panoptikum. Po-
lemische Bemerkungen zu historischen Museen und Ausstellungen»,
in: Geschichte und Gesellschaft 11(1985, 67-79).

Borst, Arno, «Barbarossas Erwachen. Zur Geschichte der deut-
schen Identität», in: Odo Marquard/Karlheinz Stierle, Hg., Identität.
Poetik und Hermeneutik Ⅷ, München 1979, 17-60.

Bude, Heinz, Das Altern einer Generation: Die Jahrgänge 1938
bis 1948, Frankfurt a.M. 1995.

Bude, Heinz, Die ironische Nation: Soziologie als Zeitdiagnose,

176 *

Hamburg 1999.

Bude, Heinz, Generation Berlin, Berlin 2001.

Burlage, Martin Große, Große historische Ausstellungen in der Bundesrepublik Deutschland 1960—2000, Münster 2005.

Busche, Jürgen, «Hat Habermas die Wahrheit verschluckt?», Cicero, November 2006, 72–77.

Buttlar, Adrian von, «Bewahren – Erhalten – Ersetzen?», Vortrag im Rahmen der Jahrestagung der ‹AG Kommunale Denkmalpflege des Deutschen Städtetages 2000›.

Buttlar, Adrian von, «Kunstdenkmal versus Geschichtszeugnis», in: Deutsches Nationalkomitee für Denkmalschutz (Hg.), Denkmalkultur zwischen Erinnerung und Zukunft, Bonn 2004, 32–35.

Buttlar, Adrian von, «Berlin's Castle versus Palace. A proper Past for Germany's Future?» In: Future Anterior – Journal of Historic Preservation History, Theory and Criticism – Graduate School of Architecture, Planning and Preservation, Bd. IV, Nr. 1, (2007), 12–29.

Clark, Christopher, Preußen. Aufstieg und Niedergang 1600—1947, München 2007.

Conrad, Sebastian, Globalisierung und Nation im Deutschen Kaiserreich, München 2006.

Cornelißen, Christoph, «Was heißt Erinnerungskultur? Begriff – Methoden – Perspektiven», in: Geschichte in Wissenschaft und Unterricht 54/10 (2003), 548–563.

Dabag, Mirhan, «Gestaltung durch Vernichtung», in: Mirhan

Dabag/ Kristin Platt （Hg.）, Die Machbarkeit der Welt, München 2006, 142-171.

Daniel, Ute, «Generationengeschichte», in: dies., Kompendium Kulturgeschichte. Theorien, Praxis, Schlüsselwörter, Frankfurt a. M. 2002, 330-345.

Deutsch, Karl W., Der Nationalismus und seine Alternativen, München 1972.

Duwel, Jörn/Gutschow, Nils, Städtebau in Deutschland im 20. Jahrhundert. Ideen – Projekte – Akzente, Stuttgart, Leipzig, Wiesbaden 2001.

Durth, Werner, Deutsche Architekten. Biographische Verflechtungen 1900—1970, München 1992.

Emerson, Ralph Waldo, The Collected Works of Ralph Waldo Emerson, Band IV, hg. v. D. E. Wilson, Cambridge, Mass./London 2003.

Erzwungene Wege. Flucht und Vertreibung im Europa des 20. Jahrhunderts, Katalog zur Ausstellung des Zentrums gegen Vertreibung im Kronprinzenpalais in Berlin vom 11.8. bis 29. 10. 2006.

Fiedler, Leslie, «Cross the Border, Close the Gap» （1968）; wiederabgedruckt in: Postmoderne in der deutschen Literatur, hg. v. Uwe Wittstock, Leipzig 1994, 14-39.

Fischer, Manfred, Rekonstruktion in der Denkmalpflege – Überlegungen – Definitionen – Erfahrungsberichte. Deutsches Nationalkomitee für Denkmalschutz, Band 57, 1997.

Freud, Sigmund, «Der Familienroman der Neurotiker», in: Gesammelte Werke, Band VII, hg. v. Anna Freud et al., Frankfurt a. M. 1966, 227-231.

Friedl, Herwig, «Ralph Waldo Emerson und die Erosion der Metaphysik», in: Subversive Romantik, hg. von Volker Kapp et al., Berlin 2004, 53-78.

Geist, Johann Friedrich/Klaus Küvers, Das Berliner Mietshaus, 3. Band: 1945—1989, München 1989.

Gessen, Masha, «Auf den Flohmärkten der Geschichte», in: Der Tagesspiegel vom 17. 4. 1999,3.

Glaser, Hubert, «Ausstellung und Forschung am Beispiel kulturhistorischer Präsentationen der letzten Jahre betrachtet», in: Hellmut Flashar/Nikolaus Lobkowicz/Otto Pöggeler, Hg., Geisteswissenschaft als Aufgabe. Kulturpolitische Perspektiven und Aspekte, Berlin/New York 1978, 86-98.

Grass, Günter, Beim Häuten der Zwiebel, Göttingen 2006.

Greffrath, Matthias/Günther Anders, Hg., Die Zerstörung einer Zukunft: Gespräche mit emigrierten Sozialwissenschaftlern, Frankfurt a.M. 1989.

Gronemeyer, Reimer, Kampf der Generationen, München 2004.

Härtling, Peter, Nachgetragene Liebe, Darmstadt 1980.

Hage, Voker, Zeugen der Zerstörung. Die Literaten und der Luftkrieg, Essays und Gespräche, Frankfurt 2003.

Heer, Hannes, Vom Verschwinden der Täter. Der Vernichtungskriegfand statt, aber keiner war dabei, Berlin 2004.

Herbert, Ulrich, Best. Biographische Studien über Radikalismus, Weltanschauung und Vernunft 1903—1989, Bonn 1996.

Hockerts, Hans Günter, « Zugänge zur Zeitgeschichte: Primärerfahrung, Erinnerungskultur, Geschichtswissenschaft », in: Jarausch, Konrad H./ Martin Sabrow, Hg., Verletztes Gedächtnis. Erinnerungskultur und Zeitgeschichte im Konflikt, Frankfurt a. M., New York 2002, 39-73.

Honold, Alexander, «〈Verlorene Generation〉. Die Suggestivität eines Deutungsmusters zwischen Fin de Siècle und Erstem Weltkrieg», in: Sigrid Weigel et al., Hg., Generation. Zur Genealogie des Konzepts—Konzepte von Genealogie, München 2005, 31-57.

Hull, Isabel V., Absolute destruction. Military culture and the practices of war in imperial Germany. Ithaca, NY 2005.

Huizinga, Johan, A Definition of the Concept of History, in: Philosophy and History. Essays presented to Ernst Cassirer, hg. v. R. Kilbransky u. H. J. Paton, Oxford 1938,1-10.

Jarausch, Konrad H./Martin Sabrow, Hg., Verletztes Gedächtnis.Erinnerungskultur und Zeitgeschichte im Konflikt, Frankfurt a.M./New York 2002.

Jureit, Ulrike/Michael Wildt, Hg., Generationen. Zur Relevanz eines wissenschaftlichen Grundbegriffs, Hamburg 2005.

Kansteiner, Wulf, « Die Radikalisierung des deutschen Gedächtnisses im Zeitalter seiner kommerziellen Reproduktion: Hitler

*

und das ⟨Dritte Reich⟩ in den Fernsehdokumentationen von Guido Knopp», in: Zeitschrift für Geschichtswissenschaft 51 (2003), Heft 7, 626–648.

Kittsteiner, Heinz D., «Die Generationen der ⟨Heroischen Moderne⟩. Zur kollektiven Verständigung über eine Grundaufgabe», in: Ulrike Jureit/Michael Wildt, Hg., Generationen. Zur Relevanz eines wissenschaftlichen Grundbegriffs, Hamburg 2005, 200–219.

Klecberg, Michael, Ein Garten im Norden, Berlin 1998.

Kocka, Jürgen, «Die deutsche Geschichte soll ins Museum», in: Geschichte und GesellschaftII(1985), 59–66.

Kocka, Jürgen, «Erinnern—Lernen—Geschichte. Sechzig Jahre nach 1945», in: Österreichische Zeitschrift für Geschichte 16, Heft 2 (2005), 64–78.

Kohlstruck, Michael, Zwischen Erinnerung und Geschichte. Der Nationalsozialismus und die jungen Deutschen, Marburg 1997.

Korff, Gottfried, Ausstellungsgegenstand Geschichte, in: Frank Niess, Hg., Interesse an der Geschichte, Frankfurt a. M./New York 1989, 65–76.

Korff, Gottfried/Martin Roth, Hg., Das historische Museum. Labor, Schaubühne, Identitätsfabrik, Frankfurt a.M. 1990.

Korff, Gottfried, «Bildwelt Ausstellung. Die Darstellung von Geschichte im Museum», in: Ulrich Borsdrof/Theo Grütter, Hg., Orte der Erinnerung. Denkmal, Gedenkstätte, Museum, Frankfurt a. M. 1999, 319–335.

Korff, Gottfried, Museumsdinge – Deponieren – Exponieren. Weimar/ Wien 2002.

Koselleck, Reinhart, «Wozu noch Historie?Vortrag auf dem Deut-schen Historikertag in Köln, 1970», in: Wolfgang Hardtwig, Hg., Über das Studium der Geschichte, München 1990, 347-365.

Kraushaar, Wolfgang, «Die neue Unbefangenheit.Zum völkischen Nationalismus der ehemaligen 68er», in: Mittelweg 36, Jg. 8 (1999), 61-72.

Kraushaar, Wolfgang, «Der Zeitzeuge als Feind des Historikers? Neuerscheinungen zur 68er-Bewegung», in: Mittelweg 36, Jg. 8 (1999), 49-72.

Krüger, Hilde/Elsa Eippel, Die KLV - ein unvergessliches Erleb-nis. Schülerinnen der Luisenschule in Essen erleben die Kinderlandver-schickung, Essen 2001.

Langewiesche, Dieter, «Die Geschichtsschreibung und ihr Publi-kum. Zum Verhältnis von Geschichtswissenschaft und Geschichts-markt», in: Dieter Hein/Klaus Hildebrand/Andreas Schulz, Hg., Historie und Leben. Der Historiker als Wissenschaftler und Zeitgen-osse, München 2006,311-326.

Lenneberg, Eric H., Biologische Grundlagen der Sprache, Frank-furt a.M. 1972.

Leupold, Dagmar, Nach den Kriegen. Roman eines Lebens, München 2004.

Lévi-Strauss, Claude, Das wilde Denken, Frankfurt a.M. 1973.

Lloyd, Christopher, «Past, Present, Future in the Global Expan-sion of Capitalism. Learning from the Deep and Surface Times of Socie-tal Evolution and the Conjectures of History», Österreichische

Zeitschrift für Geschichte 16, Heft 2 (2005), 79–103.

Lübbe, Hermann, «Der Fortschritt und das Museum. Über den Grund unseres Vergnügens an historischen Gegenständen», Institute of Germanic Studies, University of London 1982.

Lübbe, Hermann, Zeit-Verhältnisse. Zur Kulturphilosophie des Fortschritts, Graz 1983.

Luhmann, Niklas, «Das Problem der Epochenbildung und die Evolutionstheorie», in: Hans-Ulrich Grumbrecht/Ursula Link-Heer, Hg., Epochenschwellen und Epochenstrukturen im Diskurs der Literatur-und Sprachhistorie, Frankfurt a. M. 1985, 11–33.

Lüscher, Kurt/Ludwig Liegle, Generationenbeziehungen in Familie und Gesellschaft, Konstanz. 2003.

Mannheim, Karl, «Das Problem der Generation» (1928), in: Jugend in der modernen Gesellschaft, hg. v. Ludwig von Friedeburg, Köln/Berlin 1965, 23–48.

Marcuse, Peter/Fred Staufenbiel, Hg., Wohnen und Stadtpolitik im Umbruch, Berlin 1991.

Matussek, Matthias, Wir Deutschen. Warum uns die anderen gern haben können, Frankfurt a.M. 2006.

Mayer, Karl Ulrich, «German Survivors of World WarII. The Impact on the Life Course of the Collective Experience of Birth Cohorts», in: Matilda White Riley, Hg., Social Structures and Human Lives, Newbury Park 1988, 229–246.

Mayer, Karl Ulrich, «Lebensverlauf», in: Bernhard Schäfers, Wolfgang Zapf, Hg., Handwörterbuch zur Gesellschaft Deutschlands,

2. Auflage Opladen 2001, 446-460.

Mead, George Herbert, «Das Wesen der Vergangenheit» (1929), in: ders., Gesammelte Aufsätze, Bd. 2, Frankfurt a. M. 1983, 337-346.

Meier, Christian, Das Verschwinden der Gegenwart. Über Geschichte und Politik, München 2001.

Milosz., Czeslaw, «Wilna», in: Günter Grass et al., Die Zukunft der Erinnerung, Göttingen 2001, 43-56.

Mitscherlich, Alexander und Margarete Mitscherlich, Die Unwirtlichkeit unserer Städte, Frankfurt 1965.

Möller, Horst, «Erinnerungen, Geschichte, Identität», in: Aus Politik und Zeitgeschichte B 28 (2001).

Mohr, Reinhard, Zaungäste. Die Generation, die nach der Revolte kam, Frankfurt 1992.

Moses, Dirk, «Die 45er. Eine Generation zwischen Faschismus und Demokratie», in: Neue Sammlung. Vierteljahres-Zeitschrift für Erziehung und Gesellschaft 40, 2 (2000), 233-266.

Niethammer, Lutz, Kollektive Identität. Heimliche Quellen einer unheimlichen Konjunktur, Reinbek bei Hamburg 2000.

Nietzsche, Friedrich, Vom Nutzen und Nachteil der Historik für das Leben, in: Werke in drei Bänden, hg. v. Karl Schlechta, München 1962, Bd. 1, 209-285.

Nipperdey, Thomas, «Über Relevanz», in: Geschichte in Wissenschaft und Unterricht 23 (1972), 577-596.

Ohler, Norman, Mitte, Berlin 2001.

Petsch, Wiltrud und Joachim Petsch, "Bundesrepublik eine neue Heimat? Städtebau und Architektur nach"45 Berlin (West) 1983.

Pomian, Krzysztof, Der Ursprung des Museums. Vom Sammeln, Berlin 1988.

Radisch, Iris, «Die Zweite Stunde Null. Generationsbruch in der deutschen Gegenwartsliteratur,», in: Die Zeit, Nr. 41 vom 7. 10. 1994, Literaturbeilage 1-3.

Raulff, Helga, Mythos Dresden, Eine kulturhistorische Revue (8. April–31 Dezember 2006, eine Ausstellung des Deutschen Hygiene-Museum), Köln/Weimar/Wien 2006.

Reichhardt, Hans, J./Wolfgang Schäche, Von Berlin nach Germania. Über die Zerstörung der ⟨ Reichshauptstadt ⟩ durch Albert Speers Neugestaltungsplanungen, Berlin 2001.

Reiter, Margit, Die Generation danach. Der Nationalsozialismus im Familiengedächtnis, Innsbruck 2006.

Reulecke, Jürgen, Hg., Generationalität und Lebensgeschichte im 20.Jahrhundert, München 2003.

Ricoeur, Paul, Gedächtnis, Geschichte, Vergessen, München 2004.

Rossi, Aldo, Die Architektur der Stadt. Skizze zu einer grundlegenden Theorie des Urbanen, Düsseldorf 1973.

Ruskin, John, The Seven Lamps of Architecture, London: Smith, Eider, and Co., 1849.

Samuel, Raphael, Theatres of Memory: Past and Present in Contemporary Culture, London 1996.

Schelsky, Helmut, Die skeptische Generation. Eine Soziologie der deutschen Jugend, Düsseldorf/Köln 1963.

Schiller, Friedrich, «Was heißt und zu welchem Ende studiert mau Universalgeschichte?» (1789), in: Wolfgang Hardtwig, Hg., Über das Studium der Geschichte, München 1990, 18-36.

Schirrmacher, Frank, Das Methusalem-Komplott, München 2004.

Schirrmacher, Frank, Minimum. Vom Vergehen und Neuentstehen unserer Gemeinschaft, München 2006.

Schörken, Rolf, Geschichte in der Alltagswelt. Wie uns Geschichte begegnet und was wir mit ihr machen, Stuttgart 1981.

Schüle, Christian, Deutschlandvermessung, München 2006.

Schulze, Hagen, Gibt es überhaupt eine deutsche Geschichte? Berlin 1989.

Schulze, Jorg, «Flächendenkmäler als traditionelle Aufgabe der Denkmalpflege», in: Denkmalbereiche. Chancen und Perspektiven, Tagung am 13. 9. 2000 im Haus der Geschichte Bonn, Mitteilungen aus dem Rheinischen Amt für Denkmalpflege Heft 12, Köln 2001.

Schwippert, Heinz, Das Bonner Bundeshaus, Neue Bauwelt 1951, H. 17, 70.

Sedlmayr, Hans, Verlust der Mitte. Die bildende Kunst des 19 und 20.Jahrhunderts als Symptom und Symbol der Zeit (1948), 8. Auflage Berlin 1965.

Simon, Dieter, «Verordnetes Vergessen», in: Gary Smith, Av
ishai Margalit, Hg., Amnestie, oder Die Politik der Erinnerung,
Frankfurt a.M. 1997, 21-36.

Simon, Jana, Denn wir sind anders. Die Geschichte desFelix S.,
Berlin 2002.

Sloterdijk, Peter, Zur Welt kommen - zur Sprache kommen,
Frankfurter Vorlesungen, Frankfurt a.M. 1988.

Sloterdijk, Peter, Zorn und Zeit, Frankfurt a.M. 2006.

Stargardt, Nicholas, Witnesses of War.Children's Lives under the
Nazis, London 2005.

Stern, Fritz, Fünf Deutschland und ein Leben. Erinnerungen,
München 2007.

Stürmer, Michael, «Geschichte in geschichtslosem Land» (FAZ
vom 25. 4. 1986), nachgedruckt in: Rudolf Augstein et al., Hgg, His-
torikerstreit. Die Dokumentation der Kontroverse um die Einzigart-
igkeit der nationalsozialistischen Judenvernichtung, München/Zürich
1987, 36-38.

Treichel, Hans-Ulrich, Fragment ohne Ende. Eine Studie
überWolfgang Koeppen, Heidelberg 1984.

Treichel, Hans-Ulrich, Der Verlorene, Frankfurt a.M. 1998.

Treichel, Hans-Ulrich, Der Entwurf des Autors. Frankfurter Po-
etikvorlesungen, Frankfurt a.M. 2000.

Wackwitz, Stephan, Ein unsichtbares Land. Ein Familienroman,
Frankfurt a.M. 2003.

Walser, Martin, Ein springender Brunnen, Frankfurt a.M. 1998.

Weigel, Sigrid et al., Hg., Generation. Zur Genealogie des Konzepts –Konzepte von Genealogie, München 2005.

Weigel, Sigrid, Genea-Logik. Generation, Tradition und Evolution zwischen Kultur-und Naturwissenschaften, München 2006.

Welzer, Harald, 〈Opa war kein Nazi〉 Nationalismus und Holocaust im Familiengedächtnis, Frankfurt a.M. 2002.

Wildt, Michael, Generation des Unbedingten. Das Führungskorps des Reichssicherheitshauptamtes, Hamburg 2002.

Wohl, Robert, The Generation of 1914, London 1980.

Woolf, Virginia, A Room of One's Own (1928), London: Harmondsworth 2004.

Woolf, Virginia, Orlando (1928), London: Harmondsworth 1975.

图书在版编目(CIP)数据

记忆中的历史：从个人经历到公共演示 / (德) 阿
莱达·阿斯曼著；袁斯乔译. —2 版. —南京：南京
大学出版社，2022.5
(学衡历史与记忆译丛 / 孙江主编)
ISBN 978 - 7 - 305 - 25005 - 7

Ⅰ.①记… Ⅱ.①阿… ②袁… Ⅲ.①德国—历史—
研究 Ⅳ.①K516.07

中国版本图书馆 CIP 数据核字(2021)第 193723 号

Geschichte im Gedächtnis

by Aleida Assmann

© Verlag C.H. Beck oHG, München 2007

Simplified Chinese edition copyright © 2017 by Nanjing University Press

through Jia-Xi Books Co., Ltd

江苏省版权局著作权合同登记　图字：10 - 2013 - 081 号

出版发行　南京大学出版社
社　　址　南京市汉口路 22 号　　　　邮　编 210093
出 版 人　金鑫荣

丛 书 名　学衡历史与记忆译丛
丛书主编　孙　江
书　　名　记忆中的历史：从个人经历到公共演示
著　　者　[德]阿莱达·阿斯曼
译　　者　袁斯乔
责任编辑　王冠蕤
照　　排　南京紫藤制版印务中心
印　　刷　南京爱德印刷有限公司
开　　本　635×965　1/16　印张 14　字数 180 千
版　　次　2022 年 5 月第 2 版　2022 年 5 月第 1 次印刷
ISBN 978 - 7 - 305 - 25005 - 7
定　　价　59.00 元

网　　址：http://www.njupco.com
官方微博：http://weibo.com/njupco
官方微信：njupress
销售咨询：(025)83594756